命理與人生㊾

易經明道錄

ISBN 957-13-1246-0

朱邦復⊙著

序言

期待沙漠中的新綠

飲水思源，本書之能出版，不得不再向台東葉隆雄先生致謝。古往今來，千里馬多不勝數，而伯樂却僅一人。葉隆雄賢伉儷與敝人素昧生平，竟慨然將其座落於都蘭山下的別墅借住。近兩年來，我率同弟子，閉門耕讀，不僅鮮與外界往來，也從未與居停交際應酬，葉先生伉儷全不以爲忤。

有人謂，此小惠也，豈不見大德之士捐資億萬，興辦福利之壯舉焉？夫水之爲水，可拯救饑渴於大漠荒原，可灌注名園以踵事增華。時人獨鍾ABCD，輕忽之乎也者，爲博美人一粲，黃金千鎰無悔；今中華文化面臨存亡，竟然一縷甘霖難得。

二十年前，全盤西化之信仰者，咸認資訊時代的到來，中文勢將被淘汰。曾幾何時，中文電腦已成爲時代的寵兒。如今功利主義的崇拜者，將中文電腦視爲牟利之本；我則以之作爲文字處理的工具，工具既得，自當進而爲文化奮戰也。

唯不幸者，吾人生於「樂將杭州做汴京」的時代，除了國號不能更名爲「金」，實則連山川大地皆已鍍金殆盡。在以往，封建統治者爲了政權的安定，還要以文化的傳承粉飾太平。在今日，人民爲主，人心唯金是問，金沙江早已泛濫成災矣。我抗金難勝，既不甘「降金」，却又「把吳鉤看了，欄干拍徧，無人會登臨意」。

若非葉隆雄賢伉儷適時伸出援手，我早已「乘桴浮於海」去了。

寄居蟹尚有待潮水之助，在台灣恩益禧公司總經理松井隆先生以及研發部經理白惠方大力支援下，一項技術轉移的計劃，使得我們在兩年之內，生計無虞。加上曾爲詮腦公司設計掌上型電腦，也小有進益，遂得以安心從事研究工作。

爲此，我交出了一份成績單，除了中文字庫及自然語言外，計出版了《老子止笑譚》、《智慧之旅》第一、二集，以及這本《易經明道錄》。在明年之前，計劃中還要出版《智慧之旅》第三集有關中文電腦的史實，以及《巴西狂歡節》、《東尼、東尼》、《易理探微》、《新易》及《智慧學九論》等書。

在電腦技術上，將是弟子們出道的時機了，封家麒的手寫辨識、印刷文字辨識等系列產品即將問世。王傳宏的動態資料庫、全文索引、學習系統也將出爐。明年也將是自然語言與多媒體結合的關鍵，如果成功了，即將大規模地從事「介面文化」的工作。那是利用電腦工具，將書籍中之文字資料，轉換爲視聽訊息的影像，可作爲原始資料、格式資料，也可轉成電子書籍、錄影節目等產品。

《道德經》與《易經》，是中華文化上兩顆明亮的鑽石，前者揭櫫人性與自然的互動眞相，後者闡明宇宙時空的結構。眞正懂《道德經》的人，也就是實信的人，而唯一証明其「懂」、「信」的驗証標準，就是其生活的方式。也就是說，眞懂《道德經》的人，一定是身體實踐。否則口中把《道德經》倒背如流，而生活行爲則與所知大相逕庭，那麼，《道德經》祇是一種可有可無的「知識」而已。

懂《道德經》者如斯，懂《易經》者更屬鳳毛麟角，連大聖人孔老夫子都說：『加我數年，五十以學易，可以無大過矣』！偏偏坊間書店中，易經叢書是道道地地的汗牛充棟，人人都以易談易，反正大衆都自認不懂，究竟誰懂，也就不重要了。

因此，被歷代中國知識份子視爲群經之首的《易經》，也就成了當前印刷術昌盛的明証。君不見稍具規模的書店中，都有「易經專櫃」，其中有文、有圖，更有圖文並茂者。其內容都已經「白話」化，甚至於力求「兒童」化。更令人不可思議的，是大陸近年來掀起了一股「研易風」，據說大約有一千多萬人，捲入其中。

表面上看來，這種易經熱是文化的契機，我却認爲，若不能將這股力量導之於正，則又將是文化上的災難。因爲大陸的研易之風，很可能係一種心理苦悶的發洩。在數年前有位邵偉華先生以易卜出名，也有一些人因而獲利。中共本以群衆運動起家，加上人多，很容易聚息成風，言者無意而聽者深信，三三兩兩、口口相傳就成了力量。前一陣子的功夫熱、特異功能熱，以及目前的易經熱，無不如此。

功夫也好，特異功能也好，信或不信，對中華文化並無損益。《易經》則不然，古人推崇爲「天人之道」、「宇宙的眞理」，今人却在矇然無知的狀況下冒然投入。尤其是幾十年的文化斷層後，年輕人的古文基礎薄弱，對儒家思想以及天數象術等，幾乎一無所知之下，怎能期望在沙漠之中，立即開出一片新綠？

《易經》之珍貴，在於四端：一爲儒家倫理的理論基礎，其道統由文王、周公、孔子一脈相傳，至程頤、朱熹發《周易》爲理學之源。而今儒學不興，倫理淪喪，在崇尙權勢實利之大環境下，若干大陸出版之「白話易經」，無一不是冠以科學之名而大作文字遊戲，完全喪失了《易經》的內涵。

其次，《易經》是象術之總匯。上自黃帝以迄春秋時期之鬼谷子，下至孔明、邵康節、劉伯溫等，無不以易象作爲知過去、測未來的工具。然在中華文化中，「山醫命相卜」五術，往往受到儒教正統主流的排斥，五術之信仰者，始終只能終了山林，而難登堂奧。

第三項，則是易卦的分類法則，易是以陰陽兩種觀念，作相對的二元分類。過去沒有資訊處理的觀念，前人往往忽視了分類的重要性，以致於二元分類始終未受到應有的重視，直到德國的萊布尼茲發明了二進位法。（據他所言，此觀念是來自《易經》的啓示）。今日的電腦，就是利用二進位理論，以機械或電子的開與關兩種功能而實現的。

最後一項，則是思維理論的闡揚。衆所週知，中國人是一個很實際的民族，重實務而輕理論。幾千年來，中國的「讀書人」（有別於科學中人）所讀的書中，就少不了《易經》。實際上，《易經》是「水平思維」以及「垂直思維」的範本（兩種思維方式之總和，即爲「抽象思維」）。儒家義理可以說是水平思維，而在象數及分類的應用上，則相當於垂直思維。所以凡是通曉《易經》的讀書人，在中國歷史上，經常是屬於神話式的傳奇人物，任何能掌握抽象思維訣竅的人，當然能夠超凡入聖。

我曾赴大陸教學三載，深知其人多勢衆，發展之潛力無限。但是，由量變到質變，有其必然的過程，尤其是在思維上，人們觀念的形成，是與心理的自由度成正比。大陸在國家穩定的優先要求下，思想箝制必不能輕廢，否則一放必亂，一亂必亡。所以，此時之「易經熱」，在缺乏全盤的認知下，很可能的社會導向，一爲占卜的迷信成習，使得政府不得不介入。再則爲一味崇古非今，產生社會的異化，最後必然也以政府的介入爲終。

電腦所採用的資料結構，來自《易經》的二進位分類，我對「自然語言」的研究中，也發現了中國文字本身，與易象的原理不謀而合。這正是「溝通介面」的基本理念，在以有限表達無限的條件下，必須以簡馭繁，分層定義。相信對初民而言，易象與文字必有相當密切的淵源，後來因爲應用的方式不同，才分道揚鑣。

爲此，我將《易經》列入研究的計劃中，唯因時間不敷分配，一直拖到今年初，才陸續寫了些有關時空結構的理論。並爲了求証，特由弟子王傳宏把「占卜」寫成電腦程式，開始大量收集資料，以便進行統計分析。

待至《老子止笑譚》一書出版後，在教學時的確方便了不少。但爲了解釋書中引用的《易經》卦、爻辭，不得不事先準備。以往我個人對《易經》的義理部份，雖然略知一二，總以爲時機未到，不如敬而遠之。現在到了用時，才發現爻辭不僅晦澀難懂，而且其象數的表徵，並不如想像中的嚴謹、完整。

為此，我下定決心，由四月初起，提前開始向《易經》挑戰。如果《易經》只是一個民族文化的包袱，到了該淘汰的時候，任誰都保留不了。反過來說，如果《易經》眞是人智與時空的介面，那麼當仁不讓，我當盡力為往聖繼絕學才是。

我原擬將前述四端全部整理成冊，大約有四十萬字。時報出版社則建議，每冊以十餘萬字為宜。遂將原書分為三冊，本書為第一冊，專論《易經》的義理，也就是「《易經》所說的是什麼」。然而，眞正重要的是「為什麼《易經》要這樣說」，本書特別以來知德夫子的「易象」為引，以此闡釋「易理」。姑不論《易經》與眞理的關係，也不論《易經》的說法是否正確，本書僅站在客觀的立場，以科學探討的精神，將先聖先賢的見解，先整理出一個頭緒來，故本書特名為《易經明道錄》。

至於二至四項與占卜有關的術數，我在深究之下，發覺茲事體大。因為易占不同於其他的星象算命，它是一種在隨機介面上，截取時空係數的技術。如果這種技術只是迷信，我極樂意著書以為見証，並把全部資料公開。但是萬一易占不是迷信，而的確是一支通往時間秘道的鑰匙，這種技術能夠公開嗎？如不能公開，那又有什麼可寫的？

因此，有關占卜部份，我的想法是，做研究則可，若要出書，必須三思而後行。然而其理論却攸關人的思維以及認知，頗有討論的必要。我將把所有涉及玄秘的先天數、抽象思維、時空流程、主客觀結構等科學理論，綜合成爲《易理探微》一書，預計年底可以付梓。

我本是在「知」的立場，也就是所謂「瞭解」的觀念上，發展中文自然語言。妙的是，採用《易經》的二進位分類結構，把概念訊息設計到電腦中，竟然發現其結構與人的認知瞭解，絲絲相扣！易卦原來是一種「時空語言」，唯因其卦象太少，而象徵的事物無限，以致於一般人無法理解。但在電腦的處理下，六位元的六十四個易卦，可以擴充到卅二位元的「天文卦」，由此居然形成了中文的「概念」！

當中文自然語言的基本模組完成後，我擬將易理與語文概念合併，寫成一書。由於內容有異於《易經》，而原理上又源之於易，故此命名爲《新易》。當然，此書尚有變數，如果自然語言不可行，則新易不如無易，書亦免矣。

在當今這個時代中，「精緻文化」早被「速食觀念」所取代。一般人只看包裝，對內容頂多寄以瀟灑的一瞥。畢竟時間太寶貴了，工作、消遣佔據了絕大部份。剩下的已經不多，還要斤斤計較的分配，願意看書的沒有幾個，對這些已經屬於少數民族、「不齒下看」的大德來說，能懂多少，還有誰去苛求呢？

更難爲的，是坊間新書不斷，夠水準的又不多，即使有心看書，也不知從何下手。好在《易經》本非爲普羅大衆所備，得者有緣，有緣始爲眞有所得者。敝人有幸，早在一九七四年，即聞家岳易炯老先生云，要看《易經》，一定要從瞿唐來知德先生的《易經圖解》下手。此事一直縈繞於心，果然今日參考此書，一下手就發現「象數」才是《易經》的精要。不知此點，則讀易不過看一本聖賢所言、爲人處事之道而已。

偏生今人但知白話文，以閱讀古文爲苦，是以坊間各種易經書籍，多翻成白話文。需知前人將易理及易象特意的設計成「模糊」的形式，使之能代表許多不同而類似的情況。一旦用明確的語文，則原意盡失。所剩下來的，將是些似是而非、無關緊要的「處世摘要」。難道被尊爲群經之首的《易經》，只不過是些老生常談？將來還有誰會投注其畢生心血，把這些處世摘要發揚光大呢？

翻譯是一門大學問，除了要精通原文及譯文之外，還要對所翻譯的對象，有深透的瞭解才行。《易經》之難懂，人盡皆知，本書不敢說是翻譯，只能說是略加註釋，並點出其爻文由來。眞正有心研究易經的朋友，看完本書後，請先看朱熹《周易本義》的爻辭部份，其文字簡明易懂，只要略通文言即可。掌握住了義理，知其大概，則可以看程頤的《易程傳》了。此書係以各爻的關係，闡述吉凶的因果，但其理似明而晦，言之必然，再深入却未必盡然，知其大意則可，細究之則如墜五里霧中。眞有志鑽研易理者，最後再看來知德夫子的《易經圖解》，即可知易與象之究裏了。

來夫子的《易經圖解》，專談象數，他爲了追究其理，鑽研三十多年，終於發現了爻辭與象數間關係密切。對重義理的道學家而言，本書實屬旁門外道，但對想窺知易經眞相者，本書實不愧爲寶典秘笈。

只是，識貨者需知所識之貨爲何，人謂此書爲穿鑿附會之大全，其見極眞。蓋來夫子所穿鑿附會者，正是先聖先賢將原有之大量占卜資料，費盡心思濃縮之簡易卦象。至於附會之正誤並不重要，其價值在於啓示後人《易經》係透過資料統計，所歸納之結果。既然如此，今日吾人有電腦可用，正宜效法先人，以科學精神及方法，先將《易經》徹底瞭解後，再重新整理。

如果僅僅爲求實用，茲建議讀者不妨再看邵康節夫子的《梅花易數》，在象數的靈活應用上，必會若有所悟。總之，有心研究《易經》者，請不要只看白話翻譯本，因為易理不是主觀的文學作品，其中有著極為嚴密的邏輯系統。語文翻譯本就是唯心而且主觀，一旦誤解了，便如同盲人引盲，作為日常的談話資料尚可，要想藉以瞭解宇宙人生的大道理，那可眞是緣木而求魚了。

如果說看不懂文言，不妨先在這方面下些功夫，把工具備妥再說。請不要把《易經》當作速食麵，天下沒有不先備妥釣魚工具，就有魚兒自動上鉤的。更何況涉及天人之道，一本《易經》也祇能引進門口，其他要看的書、要瞭解的道理，多不勝數，其中也沒有幾本是白話文寫成的。

本書經沈紅蓮一字一句斟酌推敲，為求其明暢通順，全書前後計修改三次，所幸採用自行設計之電腦軟體作業，否則難以為繼也。

寫於都蘭山麓　一九九四年五月二十日

目錄

何謂易

「易」即「改變」，只要宇宙中的能量不斷變化，事物之改變即永不停止。古人長時期的居住於黃土高原上，以農維生，生活安定。因此得有餘閒，觀天察地，發現天時信而不爽，事物有因有果。先民怵於生存環境之規律，爲求生活的福祉，窮究人生之至理，而得到了一些認知，是爲事物變易之道，後發展成爲一個系統，即爲「易」。

古人的認知之一，即宇宙中時空恒定，並稱之爲命。有一數循環運行其中，此數可謂爲時間流程，人乃應此運數而生。故而在人的生命過程中，「命」中有註定之得失，「運」則決定得失之機緣。以天文而言，地球繞日運行，是爲命定，而何時行經黃道之何處，則歸之於運。當人察知地球繞日之規律後，即能預知天象於未然。

認知之二，人生存在二元世界中，諸如主觀——客觀，物質——精神，有——無，陽——陰等等，皆屬於相對的觀念。此外，人所面對的客觀實體，即爲天與地，因此產生了天上、地下，而人在其中的三才結構。再將此三才結構，各以陰、陽爲爻，組合成卦，其排列組合共有八種。若以卦、爻、位分別象徵某些信息，則可於卦爻之排列組合中，觀察出一些複雜的象徵信息。

設若宇宙事物之變化毫無規律可言，則一切皆是不可知、不可測，世界混沌一片。

但若宇宙事物變化有必然之規律，人即可經由規律本身之必然性，觀察認知宇宙。假設前述之卦符合自然規律，則其象徵之事物，必然也符合此規律。

認知之三，是在經過大量的觀察、應用、印證後，人們可以歸納出自然事物中最基本的一些現象及屬性。由此一層一層的發展下去，便衍成象徵思維。並得以由簡單的表象，推斷出更爲複雜的情況。

下表所列是卦、爻、位的基本象徵，根據三才結構，初爻爲地，在最下，其上爲人爻，最上爲天爻。各爻之陽陰分別象徵相關之屬性，如陽爲健、動、剛、強、變化等，陰爲靜、順、柔、弱、穩定等。其排列組合與經驗推論，則設定爲各卦之卦名，並依其性質假定爲所象徵的自然現象（如下表）。

表中八種象徵性的自然現象，表面看來平平無奇，但若以抽象分類的立場來看，其意義甚爲重大。以初民的客觀條件，能有此成就，實在令人匪夷所思。

從水平思維來分析，在相對的角度上，天地、風雷、山澤、水火等恰好成四對。其中天地風雷爲抽象，山澤水火則爲具象，天地山澤是靜止的，風雷水火則是動態的。

卦	初爻在地	二爻人位	三爻在天	經驗推論	卦名	性質	象徵
☰	陽，動健	陽，剛強	陽，變化	變化不止	乾卦	變化	天
☷	陰，穩定	陰，安順	陰，靜順	靜順不變	坤卦	順靜	地
☳	陽，動健	陰，安順	陰，靜順	下動上順	震卦	下動	雷
☵	陰，穩定	陽，動健	陰，靜止	動在天地之間	坎卦	流動	水
☱	陽，動健	陽，動健	陰，靜止	動在表面之下	兌卦	內動	澤
☴	陰，穩定	陽，動健	陽，變化	動在地上天上	巽卦	上動	風
☲	陽，動健	陰，安順	陽，變化	動在外表	離卦	外動	火
☶	陰，穩定	陰，安順	陽，變化	靜在下及內部	艮卦	內止	山

再加上北半球的地緣因素，八卦可配以四方、四維。在時間上，卦序又可以代表時序。

再從垂直思維來看，每一個水平層面，若根據八卦之性質屬性推衍，可以垂直發展成為無數層次。譬如說，在家庭層面，除乾父坤母之外，其餘為震＝長男，坎＝中男，艮＝少男；巽＝長女，離＝中女，兌＝少女。

似此，各種組合都可象徵某一現象，一層一層地發展下去，宇宙中無事無物不可用卦象來代表。只是在這樣龐大的體系下，如何設定其象徵的規律以及各種形象的分類，則非任何個人之能力所能及。是以各代雖然人材輩出，但却難有一致的看法，更遑論溝通辨正，只得任其自然發展了。

認知之四，是定數與時間之變量有關，先民在生活經驗中，發現天時變化的規律性，因而相信人生亦有其一定的法則。進一步又發現在天候的變化下，物性也有相應的跡象，因而有了觀察實物，以推測未知狀況的行爲。我認爲這就是占卜行爲的原始動機，後來逐漸發展成爲有系統的龜卜儀式。

初民生活於神權時期，在占卜之始，自必以印證爲手段。然而若占卜一無是處，初民亦無任何理由堅持於既不實用、亦且無利可圖的行爲。在人類社會中，任何一種信念，若無獲利實體的不斷加以維護，均難以持久。占卜流傳於中國達數千年，若謂只能提供一種心理安慰，則未免過於主觀，且太輕視人民的智慧了。

最初，占卜的正確比例不可能很高，但是只要宇宙中有不變的規律，而且人們能投入大量的心血，總會找到一些蛛絲馬跡的。比如說，獸骨的結構狀況，與天候有著相當密切的關係，經過處理後，能卜出一些徵兆，也就不足爲奇了。

有了驗證，才足以令人信服不渝，有了信念，就有必要記錄成爲資料。關於這點，可以大量出土的甲骨文爲證。人的思維不斷地累進，在最簡單有效的推理下，「天」的能量最大，最容易觀察。如果能測知天理，當然可知人間事務。

自然界中人所能察知者，概屬相對性的事物及觀念，如同冷與熱、亮與暗、日與夜、天與地等等。再看人間事務，諸如愛與恨、大與小、多與少、成與敗等等。其間顯然具有一種共通性，就是相對的對稱現象。原因很簡單，人的感官在接收刺激訊號後，由中樞神經加以判斷，而所謂判斷，正是相對值的比較。各種現象在經過比較之後，人類貯存在大腦中的，只有其經驗的上下極限，與此現象的比較關係而已。

說穿了，這就是二進位的特性，也可以說是人類感官與外界溝通的唯一眞實。所以八卦的基礎理論，在信息論的立場，絕對是不變的眞理。

在占卜有了某種程度的價値後，先民便追求更有效的方式。文王即利用八卦抽象的形式，根據建立在占卜上的經驗，從相對性陰陽消長的角度上，將符合某實例以及推理的辭句，視作每一爻變化的推斷。其中最重要的關鍵，是事物的「表象」以及事物的「成因」之別，表象無窮無盡，却都可由成因排列組合而得。「易」旣然強調變化，各爻又是產生變化的因子。所以，據以判斷的爻辭，亦必以「成因」表達爲宜。

這種「成因」必須有代表性，爲生活中之實例，且要經過占卜印證。在《易經》中，這種成因，即稱爲「象」。由於象的強烈象徵値，賦與了《易經》新的生命，同時也造成其理解困難，塑造出神秘的色彩。

占卜的認知理念，與人對時空結構的認知息息相關，由於其間涉及許多理論，有興趣者請參閱《易理探微》一書。《易經》只是一些已經印證的事實眞相統計的結果，任何能認知時間變量剖面以及宇宙結構的先天流程者，其能力即可謂「超凡入聖」，絕非常人所能望其項背。

讀易需知

《易經》最大的神秘之處，即在於由一陰一陽的排列組合中，居然能包羅時空萬象，闡釋天人義理。如果說易理就是宇宙之眞理，這實在並不是過譽。

正因爲一陰一陽之組合，實係以簡馭繁之原理，人們想瞭解其精要時，就會發現內容艱澀難解，雖窮年累月仍不得其門而入。

事實上，《易經》雖然人人能讀，但絕非人人能懂。絕大部份的人，也只是從聖人註易的字裏行間，學得一點爲人處事之道而已。

本書所提供的，是一種經過分析後、設計給電腦程式處理的資料。根據這些資料，建立起以待分析的模式，然後再大量收集資料，循著同樣的模式，以求歸納出新的結構。與電腦資料所不同的是，本書是給人看的，所以用文字概念而非程式語言來描述。

《周易》是由兩個部份所組成，一是《易經》本身，以六十四卦爲綱，每卦六爻，以各爻之變化爲目，分別以爻辭界定之。爻辭的內容說明，即該爻變動之下發生的事件，以及其吉凶吝咎等情況。另一部份是《易傳》，計有七種，分爲十篇，後人稱之爲〈十翼〉。〈十翼〉只是一種解釋《易經》的著作，本書不加介紹，讀者有興趣，請自行參閱。

一般人讀易，不過爲求瞭解卦、爻辭，以資與自己的遭遇相印證，力求趨吉避凶。

本書之目的，乃基於《易經》歷經數千年，時過境遷，在理解及應用上，究竟有無改進之道？要達到這個目的，必須要回答以下三個問題：爲什麼卦爻與爻辭有如是關係？其必然性的因果是什麼？是不是還有其他變化存在？

爲此，首先要徹底瞭解卦、爻辭，然後利用科學工具，以科學方法加以整理，做全面的分析探討。本書即爲徹底瞭解卦、爻辭的第一步，如果不先瞭解，從何下手研究？又能研究些什麼？而瞭解的結果，若僅僅是自己主觀的認定，而沒有客觀的考量，其價值也有待質疑。在這些理由下，遂有本書之出版，以求各界有心人士之指正。

下一步將是《易理探微》一書之發表，理論部份早已書就。有了理論，再加以實驗，由實驗再求印證，以合乎科學精神。實驗部份目前已經有近千件占卜實例，全係以電腦測試，測中率約在百分之八十上下。整理後的數據，將錄入《易理探微》中，由於我們時間有限，故可能要到年底才能出版（至於占卜之程式及內容，礙於序言中之原因，目前尚未決定是否發表）。

綜觀當今世事，表面上經濟繁榮、知識普及。事實上人心敗壞、社會的維繫功能徹底破產。易道精妙至極，古往今來，人事之變遷無所不包，易明易晦亦在易中。讀者閱之，即爲緣也，要知讀易有三大優點，今略述於下：

一、學習做人處世的道理：易爲天理，然天理玄妙，常人無從認知。聖人爲啓衆聽，特將之演爲做人處世的道理，以教化萬民。實則人理、世道皆爲天理之一部份，僅象徵之形式有所不同而已。惜因古聖人所用之文字，今人多不識，未經適當詮釋，難以理解。古今註《易經》者衆多，本書僅參閱三本：程頤之《易程傳》（泉源出版社）、朱熹之《周易本義》（藝巨書局）及來知德之《來註易經圖解》（武陵公司）。

朱熹之《周易本義》簡單明瞭，只說易理如何，而不說明原因，常令人覺得迂腐不堪。程頤的《易程傳》則在如何之外，尚以爻位來解釋爲什麼，看起來好像言之成理，但都是主觀的附會，沒有系統的必然性，說服力不足。《來註易經圖解》則完全以象徵符號說明，穿鑿附會可以說極盡能事，已經超出了義理的範疇。

因爲卦、爻辭是供卜筮時判斷之用，其文字內容必得符合各種相關的情況，經常採用了一些先民的判例，因此很難掌握。原文極爲艱澀，且若干文字各家解釋不一，甚至有不加說明者。讀者不宜細加追究，重要的是知其吉凶吝咎。在本書中，特以「釋」

總括其概要，係參考前述三家之說明，擇其可信者，力求合情合理。

二、磨練心性觀念：正因爲《易經》難讀，在讀易之前，任誰都會再三考慮，爲什麼要讀易？讀了有什麼好處？老實說，學易不但沒有好處，甚至令人鄙視名利、遠離榮華。時到今日，除了研習命相占卜之術者外，《易經》早就被打入冷宮了。

《易經》是客觀事物變易之學，懂易即表示懂得必然之理，既屬必然，其間無分毫可資增減。即令爻中有吉凶之謂，實則趨、避之間，不過存乎一心而已。今人在西式教育下，功利至上，讀書的目的，是爲了就業、爭取自己最大的名利。故對功成業就、志得意滿的人而言，懂易不過表示博學多聞，高人一等。只有對有心追求人生眞理的人，《易經》才是通向另一片天地的一扇門戶。

到得眞正沈浸在《易經》裏，日深月久，一字一爻地窮思竭慮。苟心不靜，我念一起，實難以爲繼。待入得門來，意又難寧，面對似是而非之理，很可能到此爲止，不得再進一步。唯有在心靜意寧，人我盡泯之下，始得洞燭幽冥。

問題在於，若不爲己謀，即令道通天人，所爲何來？再說，從古至今，又能有幾人達此境界？是以能不計成敗得失、潛心學易者，其心性及觀念，多多少少已在磨練之中。但若為了磨練而習易，則又落入下乘了。

三、培養抽象思維的能力：一般人對語言文字的認知，不過止於表面之字義，以之溝通應用而已。事實上，語言文字是人類有別於萬物的智慧結晶，是一種符號索引系統。宇宙萬象無窮無盡，而人之認知應用能力有限。在經過不斷的演進後，自然而然發展出這種以簡馭繁、相當於一種分類索引的法則。

在此分類索引下，其水平向可稱為分類定義，垂直向則為屬性層次。所有水平向的定義，在另一層次中，其定義之名稱將隨所屬層次的特性而改變。由於此系統是從人類的生活行為中自然發展而得，故生活經驗所形成的認知，即成為水平向的第一層定義。隨著文化發展的日趨繁複，再加上實際需要，以及經驗及學識過人的個人的努力，遂在第一層定義下，更引申出垂直向的屬性定義。

因此，同樣的語言文字，對不同能力與經驗的個體來說，具有絕對不同的效應。教育的意義，第一步是使受教者充分瞭解語言文字的分類索引功能，這是能力的培訓。然後再教以專業技術，也就是語言文字所代表的某一層次的屬性認知。

中國傳統教育方式，是令學子以艱苦卓絕的心態，熟讀經書，使之由習慣成自然，得以從文字運用上領略文字所蘊藏的「智能」。所以讀書人不僅深諳語言文字的威力，且知道如何與人溝通、充分發揮自己的能力。然而物極必反，剝復相因，在飽學之餘，讀書人過於輕視技能，以致在生產製造技術上，落居西方之後。

今日之教育則又矯枉過正，專重技術知識，完全忽略了語言文字的智性。尤其是大力推廣白話文的結果，導致年輕人不識經書，僅以文字的表面應用爲滿足。久而久之，劣幣驅逐良幣，文字深層的引申義漸失其傳，舞文弄墨成爲雕蟲小技。這也是爲什麼儘管教育普及，一般專家學者的理解、判斷能力反而低落的原因。《易經》中之象數，正代表了垂直分類中的引申定義。在失道之時，有心人不妨按圖索驥，或能有所獲（此中詳細論證，請見《易理探微》）。

象徵符號

本書之立場，是先假定《易經》的卦、爻辭正確，並根據其遊戲規則，以求瞭解其設計的原理。至於此原理是否有調整、增訂的必要，端視今後的印証而定。在初步的分析下，我個人認爲《易經》之卦、爻辭，是根據卜筮例証，取其已經應驗之事爲代表。

古人重視卜筮，舉凡祭祀、田牧、征伐、婚喪等事，無不先卜筮而後決之。〈周禮春官宗伯〉：「凡卜筮，既事則系幣以比其命，歲終則計其占中之與否」。因此，大量的資料記錄，必然是卦、爻辭的參考依據。

卜與筮原有別，「卜」盛行於夏商，是將龜、獸骨處理後，觀察其所呈之「兆」象，以判斷吉凶。〈周禮春官太卜〉：「太卜掌三兆之法，一曰玉兆，二曰瓦兆，三曰原兆。其經兆之體皆百有二十，其頌皆千有二百」。由此可知，當時已經有大量之文字資料，記載各種卜兆的結果。

文王演易，重八卦爲六十四卦（因連山、歸藏失傳，學者咸信係文王演八卦爲六十四卦，但既然曾有連山、歸藏，且沿用數百年之久，不可能僅有八卦而已），每卦有六爻，並作卦、爻辭，選用蓍草，制訂筮占之法。因有別於卜，故稱筮。及後卜漸漸衰微，卜筮遂通指筮而言。

由於卦爻有限，而事物的變化無盡，故而以少馭多，以簡代繁是唯一可行的辦法。儘管聖哲有著超人的智慧，但是在兩千多年前，一般人的觀念尚未十分成熟，除了利用卜筮已經証實的案例，作爲卦爻的說明外，很難想像出其他更有效、以簡代繁的策略。因此，最合理的推測便是，當時文王所作的爻辭，一定參考甚至採用了一些占例，以象徵該一事件模式。

這種占例的象徵，皆保存在經文中，謂之爲「象」。要瞭解「爲什麼《易經》要這樣說」？就必須用「象」來說明卦、爻辭，才能看出該種排列組合的原筮記錄。時至今日，《易經》仍然有相當程度的應用價値，這表示卦、爻辭的原作者，對於象徵符號應用的成功。然而爲了發揮易道的實用性，吾人在理解之餘，尙有必要大量而有系統地，重新加以整理，使之趨於完善。

下文之「象」，係錄自〈易經說卦傳〉第十一章，來註之象徵概念，皆出於此。

卦名	卦象	卦德	身體	身份	形狀	物質	顏色	植物	動物	現象	物件	效應	其他
乾	天	健	首	君父	圜	金玉	大赤	木果	馬		冰	寒	老馬、瘠馬、駁馬、良馬
坤	地	順	腹	母	方	布釜	黑		牛	吝嗇	大輿	衆	均、文、柄、子母牛
震	雷	動	足	長子			玄黃	竹葦	龍	決躁	大塗		善鳴之馬、弊足、的顙、蕃鮮、反生稼
巽	風	入	股	長女	高長		白		雞	進退	繩直	不果	臭、寡髮、廣顙、近利市三倍、工
坎	水	陷	耳	中男	弓輪	血	赤	堅木	豕	亟心	溝瀆	隱伏	多眚、心病、耳痛、月、盜、矯輮、加憂
離	火	麗	目	中女	大腹			槁木	雉		甲胄	戈兵	日、電、蚌、鱉、龜、蟹
艮	山	止	手指	少男		小石		果蓏	狗鼠		門闕		閽寺、徑路、黔喙、堅節木
兌	澤	悅	口舌	少女	毀折				羊			附決	妾、巫、剛鹵地

術語解釋

一、爻

爻有陰及陽兩種，三爻組合為卦。

爻	形	代稱	爻德	象徵
陽	—	九	主動，剛健，進取	君子，男性，實體
陰	--	六	主靜，柔順，誠信	小人，女性，虛空

二、卦

單卦：以天、地、人三才為結構，爻為變數，分三爻由下往上變化。

單卦僅有八個，即為八卦，詳見第一章。

重卦：由兩個單卦組成，在上者稱為上卦、外卦或悔卦；在下者稱為下卦、內卦或貞卦。內卦主靜，以自我為出發點，向外開展。外卦主動，是外在的大環境。

重卦之爻位，最底部稱之爲初，是卦之始，象徵平民。上升爲二，爲一家一族或單位、地方之主。再升爲三，指正要進入朝廷或外在大環境之際，動輒得咎。上升至四，則在君之側，位高而危。五位爲君位，有權有勢。再升爲上，相當於太上皇，已無能爲力。

若將重卦六爻視爲整體，其三才之分配爲：初、二爻居地位，三、四爻居人位，五、上爻居天位。

錯卦：一卦中各爻陰變陽，陽變陰，稱爲錯，原卦所錯之卦即爲錯卦。

綜卦：各重卦由一至六爻，上下顚倒之稱爲綜，原卦所綜之卦爲綜卦。

互卦：取重卦二、三、四爻爲內卦，三、四、五爻爲外卦，組成之新卦。

變卦：指定之爻位，由陽變陰，或陰變陽後所形成之新卦。

三、斷辭

1. 判斷用：

亨——通，通達。

利——宜，可有所行動者。

吉——吉利，其結果有所得者，謂之吉。

悔——悔恨，曾有小咎，不嚴重，不能謂之吉者。

咎——過失，行爲中有不妥者。

吝——不幸，曾有小咎，有點嚴重，但尚不至於凶者。

凶——凶險，必有所失者謂之。

2.形容用：

元——首也，引申爲大，爲善。

貞——正。

厲——危厲，嚴重也。

征——前往、執行之意。

往——由低位之爻向高位之爻曰往。

來——由高位之爻向低位之爻曰來。

亡——失去，即已經不存在之意。

終——最終，終於。

3.複合態：

吉，無咎——一定吉，且無咎。

因爲吉，所以無咎。

唯有吉，才無咎。

這三種狀況，極爲微妙，必須於易理有相當造詣者，才能體會。

利涉大川——利於跋涉在大山大川之間，有所作爲之意。

利見大人——利於見到一些重要或賢能的人。

利有攸往——利於從事一些工作。

本書範例

一、本書所排之各重卦格式

卦序　重卦名［上卦，下卦］［上卦象，下卦象］

卦名：原文內容（本卦綱領）。

註：文字解說。

象：象徵概念與本卦之關係（原文見《來註易經圖解》）。

釋：義理分析及解說。

彖：原文內容，略去與卦名內容重複者（彖爲以象斷言之意）。

註：文字解說。

象：象徵概念吉凶之判斷（原文見《來註易經圖解》）。

釋：義理分析及解說。

象：原文內容（聖人指示爲人做事之道）。

註：文字解說。

象：本卦之象徵（原文見《來註易經圖解》）。

釋：義理分析及解說。

爻一至爻六：原文內容（爻爲可變者，由低位至高位，共有六爻）。

爻：各爻之條件及狀況，以供判斷吉凶。

通：當本爻變後，必成另一卦，本條即爲對該卦之說明，可供參考。

註：文字解說。

象：象徵概念與卦爻之關係。原文見《易 程 傳》：宋・程頤 撰
《周易本義》：宋・朱熹 註
《易經圖解》：明・來瞿唐著

釋：作者對原文之闡釋（以黑體印出）。

二、判斷參考

1.卦之定名乃根據爻之互動關係，故而卦名已決定了吉凶的大方向。例如損指損失，益指增益，各爻之判斷必須符合損與益之條件。然而易道講究生生不息，循環不已。故損益相綜，損而益，益乃損。因此卦名本身之吉

凶，尚應視其始終以及各爻之關係等因素而定。此外，有些卦象之吉凶並不明說，端視其他條件之互相作用而定。

2.爻性：各爻皆有特性，凡爻辭中有明確吉凶定義者，其統計及說明如下：

吉數、凶數指各爻之吉凶數（因原文吉凶定義並不明確，故僅係概略數）。陽吉、陽凶，陰吉、陰凶指爻之陽陰性質於該爻位之吉凶統計值。

爻位	吉數	凶數	陽吉	陽凶	陰吉	陰凶	說明
初爻	21	14	12	2	9	12	初始，情況未明，難知其詳。
爻二	28	6	14	2	14	4	多譽，柔用中爲宜。
爻三	6	28	6	12	0	12	多凶，賤，由下向上奮鬥者。
爻四	29	5	11	3	8	2	多疑多懼，重臣近君。
爻五	28	4	10	1	18	3	多功，貴。居高位重。
上爻	17	20	11	8	6	12	孤高無援，夕陽黃昏。
總計	129	77	62	28	55	45	吉多，凶少，陽多吉，陰多凶

3.位——爻位有三種：

a.陰陽之位：一、三、五爲陽位，二、四、六爲陰位，爻之陰、陽與位符合，即是得位。得位之爻，表具有陰陽之爻德，吉凶則由卦象決定。

b.高低之位：爻位的高低，與地位之尊卑、時機的早晚、事物的成熟度、物體本身的部位等皆成正比，爲判斷之參考資料。

c.三才之位：內外各卦，皆由三才結構而成，在重卦中，第二爻與第五爻爲人位。人位主掌人事，因居三才之中間，故又稱爲得中，六二、九五乃既得中又得位者，稱爲中正，表示人當其位且正直。第一爻與第四爻居地，指一個階段之開始。第三爻與第六爻居天位，指一階段終了或全部終結。

4.應——一與四、二與五、三與六爻中，若兩爻陰陽性相反，則稱爲應。應是兩爻之間的呼應、照應、嚮應、感應等，吉凶則依實際影響而定。

5.比——相鄰各爻，若陰陽性質不同者，謂之「比」。比又有四：如本身爲陽爻，比上爻稱「扶」，比下爻稱「據」，其利有大有小。如本身爲陰爻，比上爻稱之爲「承」，比下爻稱之爲「乘」。

在判斷時，「乘」常不利，因弱乘剛不易也。「承」影響不大，因陰柔無力。「扶」、「據」較多利，此乃陽爻剛健之故。

6.中爻——凡重卦之二三四、或三四五爻，皆謂之中爻。

六十四卦解說

卦一　乾☰〔乾乾〕〔天天〕

乾：元亨利貞。

象：乾錯坤。乾綜乾。

註：元——大，亨——通，利——益，貞——正，此乃乾之四德也。

釋：元亨者，天道之本然，先天之數。利貞者，人事之當然，後天之理也。

彖：大哉乾元，萬物資始，乃統天，雲行雨施，品物流形。大明終始，六位時成，時乘六龍以御天。乾道變化，各正性命，保合太和，乃利貞，首出庶物，萬國咸寧。

註：乾元——乾卦為各卦之初始。

大明終始——由始至終之理甚明。

六位時成——六爻相配之際。

性命——物所具有之特質為性，天賦之特性為命。

保合太和——保者常存不變，合者聚而不散，太和者陰陽會合之正氣。

釋：宇宙既始，陰陽調和，六爻通變，人當依循之以順天承命。

象：天行健，君子以自彊不息。

釋：天道運作不息，君子應效法之。

初九：潛龍勿用。

爻：(位)。

通：本爻變爲巽，重卦爲姤。[遇也，柔遇剛也。]

象：乾=龍。初爻位低=潛。

陽健而動，但一元之始，不宜動。

釋：時機未至，不宜有所作爲。

九二：見龍在田，利見大人。

爻：(位)中。

通：本爻變爲離，重卦同人。[與人同也。]

象：二爻屬「地」=田。九五爲君=大人。

陽剛離潛而出，居內卦之人位，處理事務，上與人君相契之象。

釋：**時機成熟，應有所作爲。**

九三：君子終日乾乾，夕惕若，厲無咎。

爻：(位)。

通：本爻變爲澤，重卦爲履。[柔履剛也。]

象：於重卦三爻屬「人」，以乾居人道，故言君子。

乾＝一日，三爻居內卦之終＝終日之象。

九三將離下卦，晉升上卦，處過渡期，將負重任，危懼可知。

釋：**君子宜朝夕不怠、小心謹慎，情況雖厲而無咎。**

九四：或躍在淵，無咎。

爻：無。

通：本爻變爲巽，重卦小畜。[柔得位，健而巽，剛中而志行。]

象：由內卦至外卦＝躍。乾＝大川，川側有淵之象。

九四已入朝庭，輔佐天子之象。

釋：**可以力求表現，無咎。**

九五：飛龍在天，利見大人。
爻：（位）中正。
通：本爻變爲離，重卦大有。［其德剛健而文明，應乎天而時行。］
象：上卦四、五爻＝天。五爻居上卦之中，係人位，象徵天子。大人＝正直的人。
剛健中正之德，居天子之位，下有九二剛健之人才相輔，飛天之象。
釋：大權在手，利於用人。

上九：亢龍有悔。
爻：無。
通：本爻變爲澤，重卦爲夬。［潰決也。］
象：最上之爻＝亢，最高也。
物極必反，爻不能再上，又無一得之象。
釋：到了絕地，是爲有悔。

用九：見群龍無首。吉。
象：最上之爻爲首，最下之爻爲足。

所有各卦僅乾坤二純卦多此一解，若六陽皆變，則以此占之，陽皆變陰則吉。

卦二　坤☷〔坤坤〕〔地地〕

坤：元亨，利牝馬之貞，君子有攸往，先迷後得，主利。西南得朋東北喪朋，安貞吉。

象：坤錯乾。坤綜坤。

乾象馬，牝馬爲乾之配。乾以剛爲貞，牝馬則以陰順爲貞。

坤象徵迷，變爲乾則不迷而得。坤主利，乾主義。

以文王圓圖而言，陽氣始於東北，盛於東南；陰氣始於西南，盛於西北。

坤＝西南，兌離巽同居坤地，是得朋。震坎艮同乾居東北，故言喪朋。

釋：坤卦，大亨，以順爲正，先失後得，且有利可圖。西南方有利，東北方則有損失，大致而言，安於正則吉。

象：至哉坤元，萬物資生，乃順承天。坤厚載物，德合無疆，含弘光大，品物咸亨。牝馬地類，行地無疆，柔順利貞，君子攸行。

釋：坤爲大地，是萬物滋生之溫床，順承上天之德，養育各種生命。歷經生

生不息的變化、發展，仍然保持柔順之德操，人應深思愼行之。

象：地勢坤，君子以厚德載物。

釋：坤之地勢是由高而下，高高在上之君子應以自我之德性，以處世待人。

初六：履霜，堅冰至。

爻：無。

通：本爻變爲雷，重卦爲復。〔重覆，往返。〕

象：初爻在下＝履。霜＝一陰之象。冰＝六陰之象。

陰爻＝小人。小人本無礙，盛則爲患也。

釋：小人道長，應防微杜漸，以免爲害。

六二：直方大，不習，無不利。

爻：(位) 中正。

通：本爻變爲坎，重卦爲師。〔剛中而應，行險而順。〕

註：直——無私。方——無黨。大——無己。

象：坤卦之主爻，有正直、柔順之德。

坤之德得位得中，不必修習，已然具備。

釋：無私、無黨、無己，順其自然，無不利。

六三：含章可貞，或從王事，無成有終。

爻：無。

通：本爻變為艮，重卦為謙。[謙尊而光，卑而不可踰，君子之終也。]

象：坤＝文章，象含章。

下卦在家，上卦在朝，六三居下卦之終，如從王事，無成之象。

釋：盡忠職守，若從政，一事無成，惟能終老。

六四：括囊，無咎，無譽。

爻：（位）。

通：本爻變為震，重卦為豫。[剛應而志行，順以動豫，豫順以動。]

象：坤＝囊。四爻變陽，囊有收口狀，為括囊。

六四近君之側，乃多是非之地，陰爻尤應謹慎。

釋：謹言慎行，無咎，無譽。

六五：黃裳元吉。

爻：（位）中。

通：本爻變為坎，重卦為比。〔輔也，下順從也。〕

象：坤＝黃色、衣裳。象徵正色，正裝，合中道之象也。

陰居尊，以柔順中道之德，以應世事之象。

釋：柔順守中無爭，大吉。

上六：龍戰於野，其血玄黃。

爻：（位）。

通：本爻變為艮，重卦為剝。〔柔變剛也。〕

象：坤錯乾＝龍。變艮＝剝，戰之象也。戰於外卦＝野戰也。

陰盛至極，將與陽爭之象。

釋：衝突不可避免，必至兩敗俱傷。

用六：利永貞。

釋：陰若全變為陽，亦為吉。

卦三　屯䷂［坎震］［水雷］

屯：元亨利貞，勿用有攸往，利建侯。

象：屯綜蒙。下震上坎，初動遇險，故曰屯。

釋：大亨利正，不要急功近利，利於逐步建立事業。

彖：屯，剛柔始交而難生，動乎險中大亨貞，雷雨之動滿盈，天造草昧。宜建侯而不寧。

註：天造草昧——上天所造之自然現象。

象：上坎動＝雨，雷雨交加下震＝蕃草。上坎又＝月，視不明，路荒涼之狀。

釋：陰陽始交之時，混沌未定，故稱屯。此天下大亂之際，宜先求安定。

象：雲雷，屯，君子以經綸。

註：經綸——治絲之工作。

象：上坎＝雲，雲厚有雷之象。

釋：當有變化之際，是君子治亂有爲之時。

初九：磐桓，利居貞，利建侯。

爻：（位），（應），（比）扶。

通：本爻變爲坤，重卦爲比。〔親近，比和，下順從也。〕

註：磐——基礎之石，桓——木柱。

建侯——古代指諸侯，建設地方，實在的事業。

象：中爻艮石＝磐，下震陽木＝桓，磐石棟樑。

震＝動，艮＝止。下面動，而其上不能動之象。

釋：環境不宜，利於固志守正，利於從事生產事業。

六二：迍如邅如，乘馬班如，匪寇婚媾，女子貞不字，十年乃字。

爻：（位）中正，（應），（比）乘。

通：本爻變爲澤，重卦爲節。〔剛柔分而剛得中。〕

註：迍如邅如，乘馬班如——猶豫難行。

匪寇婚媾——匪徒來求婚。

象：震＝馬，弱乘剛不可行。

外卦坎＝盜，六二女、九五男＝婚媾。

六二中正有德＝貞不字。中爻坤數＝十。

釋：猶豫難決，事不如意，應堅持原則，時至自成。

六三：即鹿無虞，惟入于林中，君子幾，不如舍，往吝。

爻：無。

通：本爻變爲離，重卦爲既濟。［初吉終亂。］

註：即鹿無虞──見到鹿，却無協助的虞人。

君子幾──君子見到這種情形。

象：中爻艮＝山，山麓有鹿。爻失位＝鹿入林，無虞人相從狀。

釋：事物不順之際，君子見機應捨，否則不利。

六四：乘馬班如，求婚媾，往吉，無不利。

爻：（位），（應），（比）承。

通：本爻變爲兌，重卦爲隨。［剛來而下柔，動而說隨。］

象：坎＝馬，往應初九之婚，上承九五，有才以佐君。

釋：欲進又止，徵求伙伴賢才，往吉，無不利。

九五：屯其膏，小貞吉，大貞凶。

爻：（位）中正，（應）。

通：本爻變爲坤，重卦爲復。［出入無疾，朋來無咎。］

註：屯其膏——將有助於人之膏澤藏起來。

象：坎＝膏澤，又＝凶險。

釋：能力有限，處理小事尚可，大事則不利。

上六：乘馬班如，泣血漣如。

爻：（位）。

通：本爻變爲巽，重卦爲益。［損上益下。］

註：泣血漣如——哭出血來，連續不止。

象：震、坎＝馬，坎＝憂，又＝血。

釋：地位危殆，動輒得咎，痛苦之至。

卦四　蒙䷃〔艮坎〕〔山水〕

蒙：亨，匪我求童蒙，童蒙求我。初筮告，再三瀆，瀆則不告，利貞。

註：瀆——溝渠，引申爲疏導之義。

象：蒙綜屯。

釋：亨，須待求知者自動前來。初問則告，再則疏導，多告無益，利於正。

彖：蒙，山下有險，險而止。

象：坎水＝險，卦德＝止。

釋：前臨高山，後涉水險，無所適從，不知所措，故稱爲蒙。

象：山下出泉，蒙。君子以果行育德。

象：山下水＝泉，水之源。蒙＝人認知之源。

釋：君子應該注意行爲，培養德操。

初六：發蒙，利用刑人。用說桎梏以往，吝。

爻：(比)承。

通：本爻變爲兌，重卦爲損。[損下益上，其道上行。]

註：刑人——強迫。說——脫。

象：坎＝桎（足）梏（手），中爻震＝足，外卦艮＝手。

釋：啓蒙之時，應強迫學習。否則，人性喜逸惡勞，放縱之有吝。

九二：包蒙，吉。納婦，吉，子克家。

爻：（位）中，（應），（比）扶據。

通：本爻變爲坤，重卦爲剝。[柔變剛也。]

象：九二中正剛健，包容初六之蒙。上納六三、六四之婦，照料六五之家。

釋：能容忍人之無知，吉。成家立業，吉。

六三：勿用取女，見金夫，不有躬，無攸利。

爻：（應），（比）乘。

通：本爻變爲巽，重卦爲蠱。[上情不下達，下情不能上通。]

註：勿用取女，見金夫，不有躬——貪圖富貴之女人不可娶。

象：六三正應上九，本應爲其妻，但九二近水樓台，相當於「金夫」。

六三乘剛，乃依戀金夫之象。

釋：人見近利忘義，沒有好處。

六四：困蒙，吝。

爻：（位）。

通：本爻變爲離，重卦爲未濟。［小狐汔濟，濡其尾。］

釋：陷於群小之中，困於無知，吝。

六五：童蒙，吉。

爻：（位）中，（應），（比）承。

通：本爻變爲巽，重卦爲渙。［剛來而不窮，柔得位乎外而上同。］

象：艮＝少男，故爲童蒙。中爻爲坤順，爻變爲巽，順則啓蒙。

釋：謙遜好學，吉。

上九：擊蒙，不利爲寇，利禦寇。

爻：（應），（比）據。

通：本爻變爲坤，重卦爲師。［剛中而應，行險而順。］

象：應爻坎＝盜，錯離＝戈兵，艮＝手，乃手持兵器擊打之象。

釋：愚昧至極，應行糾正，不可作惡，可制惡。

卦五　需䷄［坎乾］［水天］

需：有孚，光亨，貞吉。利涉大川。

象：需綜訟。

釋：需卦，有信，光明亨通，正則吉，可以做大事。

彖：需，須也。險在前也，剛健而不陷，其義不困窮矣。

象：外卦坎＝險，在前方。乾之卦德＝剛健正直，故不陷。

釋：需是期待之意，當險困在前，而能剛健不屈，其義自然發揚光大。

象：雲上於天，需，君子以飲食宴樂。

象：坎在天上＝雲。

釋：雲氣須待陰陽調和而成雨，君子應知時待命。

初九：需于郊，利用恒，無咎。

爻：（位），（應）。

通：本爻變爲巽，重卦爲井。［井養而不窮也。］

象：乾＝郊。

釋：時未至，隱逸山林，要有耐性，無咎。

九二：需于沙，小有言，終吉。

爻：（位）中。

通：本爻變爲離，重卦爲既濟。［初吉終亂。］

象：坎＝水，近水有沙之象。中爻兌＝口舌。變爻離＝明。

二以陽剛之才，居柔守中，需之善也。

釋：險益近，小有口舌，終吉。

九三：需于泥，致寇至。

爻：（位），（應），（比）扶。

通：本爻變爲兌，重卦爲節。［剛柔分而剛得中。］

象：坎＝寇。水旁爲泥，寇出沒之地。

三剛而不中，居健體之上，有進動之象。

釋：險在前，妄動導致不順。

六四：需于血，出自穴。

爻：(位)，(應)，(比) 乘承。

通：本爻變爲兌，重卦爲夬。[剛決柔也，健而說，決而和。]

象：坎＝血，又＝穴。六四以陰居三陽之上，又爲坎險，有離穴而去之象。

釋：危難當頭，能避則避。

九五：需于酒食，貞吉。

爻：(位) 中正，(比) 扶據。

通：本爻變爲坤，重卦爲泰。[君子道長，小人道消也。]

象：坎＝酒。

釋：無爲而治，居險中而不亂，行事正則吉。

上六：入于穴，有不速之客三人來，敬之終吉。

爻：(位)，(應)。

通：本爻變爲巽，重卦爲小畜。〔柔得位而上下應之。〕

象：變巽＝入，入于穴（坎）之象。

內卦三陽＝不速之客。陽爻以上進爲德，無佔有之意，故敬之則可。

釋：已入險地，若有不測，愼之終吉。

卦六　訟䷅〔乾坎〕〔天水〕

訟：有孚，窒，惕中吉，終凶。利見大人，不利涉大川。

象：訟綜需。剛來得中＝利見大人。入於坎水＝不利涉大川。

釋：有孚信、能窒忍、有惕懼、性中和則必然無訟，故吉，否則有訟必凶。

彖：訟，上剛下險，險而健，訟。

象：卦德：乾＝剛健，坎＝險。

釋：訟者，必兩造皆強且意見相左，剛者恃強，弱者行險，必將致訟。

象：天與水違行，訟，君子以作事謀始。

釋：天清上升，水濁下潤；天西轉，水東流，互違故訟。君子應愼始，可免。

初六：不永所事，小有言，終吉。

爻：（應），（比）承。

通：本爻變爲兌，重卦爲履。［柔履剛也。］

註：不永所事——不能永遠與訟下去。

象：變兌＝口舌。應爻乾＝言。

釋：**口舌難免，得饒人處且饒人，終吉。**

九二：不克訟，歸而逋，其邑人三百戶，無眚。

爻：（位）中。

通：本爻變爲坤，重卦爲否。［大往小來，則是天地不交而萬物不通也。］

象：二訟五，以下訟上＝不克之象。坎＝隱伏，歸逋之象。
變坤＝衆，邑人之象。中爻離＝三，三百戶之象。
以弱敵強，必敗，若知力不可敵，表尙有自知之明，無災之象。

釋：**不勝而歸，所幸有自知之明，無災。**

六三：食舊德，貞，厲終吉。或從王事，無成。

爻：（應），（比）承乘。

通：本爻變爲巽，重卦爲姤。［遇也，柔遇剛也。］

註：食舊德——對舊恨忍聲不言。

象：中爻巽綜兌＝口，食之象。中爻離日＝王家之象，巽＝不果，無成。

三雖居剛而應上，然介二剛之間，危懼不能訟之象。

釋：**守本分，正，雖厲終吉。但力不足，不能成大事。**

九四：不克訟，復即命，渝安貞，吉。

爻：（應），（比）據。

通：本爻變爲巽，重卦爲渙。［剛來而不窮，柔得位乎外。］

象：中爻巽＝命。

釋：**訟敗，知不可違，守分安正，吉。**

九五：訟，元吉。

爻：（位）中正。

通：本爻變爲離，重卦爲未濟。［小狐汔濟，濡其尾。］

釋：剛健中正，主持公道，大吉。

上九：或錫之鞶帶，終朝三褫之。

爻：（應）。

通：本爻變爲兌，重卦爲困。〔柔掩剛也。〕

象：乾＝衣，帶。坎＝盜，褫奪也。

釋：不論訟之所得爲何，終將失去，而一無所得。

卦七　師䷆〔坤坎〕〔地水〕

師：貞，丈人，吉，無咎。

註：丈人——即九二爻，蓋領軍之人，居「人位」，陽爲大，故稱丈人。

象：師綜比。

釋：用兵之道在於正，得大將爲吉。

彖：師衆也，貞正也，能以衆正，可以王矣。剛中而應，行險而順。以此毒天下，而民從之，吉，又何咎矣。

註：周制，五人為伍，二千五百人為師。

毒——藥也。

象：坤、坎＝衆。一陽居人位，五陰相從，領軍之象。

釋：能集合衆人之力量，則足以稱王。有強者率師，衆人響應，當能履險如夷。

象：地中有水，師，君子以容民畜衆。

以軍事征服天下，人民若從之，又有何不妥？

釋：勞師動衆，君子為生民謀求福利。

初六：師出以律，否臧凶。

爻：（比）承。

註：臧——善，否臧——不善，無紀律。

通：本爻變為兌，重卦為臨。［剛浸而長，說而順，剛中而應。］

象：失位，唯以柔承上。

釋：率衆須有紀律，否則，不論成、敗皆凶。

九二：在師中，吉，無咎，王三錫命。

爻：（位）中，（應）。

通：本爻變爲坤，重卦爲坤。［萬物資生，乃順承天，坤厚載物。］

註：王三錫命——君王數次嘉獎，賦與重任。

象：中正剛健，將之道也。六五爲王，九二相應爲信＝錫命之象。

師卦僅此一陽，統率衆陰，吉，無咎，有上寵之象。

釋：領導有方，吉，無咎，上有靠山。

六三：師或輿尸，凶。

爻：（比）乘。

通：本爻變爲巽，重卦爲升。［巽而順，剛中而應。］

註：輿尸——用車將屍首抬回，象徵敗陣，或爲主將之權被架空之意。

象：出師，柔乘剛，不利。變巽＝進退不果，坎＝車輿，尸者主帥不得位也。

三居下卦之上，才不足位不正，有擅權干擾之象。

釋：組織中權責不專，凶。

六四：師左次，無咎。

爻：（位）。

通：本爻變為震，重卦為解。[險以動，動而免乎險。]

註：左次——退軍，轉進。

象：六四陰柔，非能剋敵者，六五之君亦柔弱無能，不能進之象。

釋：改變目標，無咎。

六五：田有禽，利執言，無咎，長子帥師，弟子輿尸，貞凶。

爻：（位）中，（應）。

通：本爻變為坎，重卦為坎。[水流而不盈，行而不失其信。]

註：田有禽，利執言——田中有鳥，糧食有損，猶如國家有侮，應加討伐也。
長子帥師，弟子輿尸——兄在作戰，弟却抬屍，象徵軍令不行，權臣掣肘。

象：地有水為田，坎錯離＝雉，禽，坎＝盜，禽害稼禾之象。
中爻震＝長子，六五柔弱，有雖用長子率師，但却不能服衆之象。

釋：同仇敵愾，無咎，但軍令不行，雖正亦凶。

上六：大君有命，開國承家，小人勿用。

爻：（位）。

通：本爻變爲艮，重卦爲蒙。［山下有險，險而止。］

象：坤＝地，錯乾＝言，有命，君國之象。變艮＝家。

釋：守成之時，切記不可任用小人。

卦八　比䷇［坎坤］［水地］

比：吉，原筮元永貞，無咎。不寧方來，後夫凶。

註：原筮——剛中在上卦者。

不寧方來，後夫凶——心不寧才來求助，但後來的有凶。

象：比綜師。九五，六二相應。四陰在下，相率而來，有不寧方來之象。

釋：四方歸附，但不幸陰盛陽衰，難以爲繼，先吉、無咎、後凶。

彖：比，吉也。比，輔也，下順從也。

釋：比卦爲輔助之意，衆人順從上方之領導。

象：地上有水，比，先王以建萬國親諸侯。

釋：當土地之上有水，機緣和合，即可成立大業。

初六：有孚，比之，無咎，有孚盈缶，終來有他吉。

爻：無。

通：本爻變爲震，重卦爲屯。［剛柔始交而難生，動乎險中大亨貞。］

註：有孚盈缶，終來有他吉——信用極佳，終於得到他人信任。吉。

象：坤＝土缶，中空可盛物者。初爻變爲屯＝盈。

初六比之始也，相比之道，以誠信爲本，陰爻中空＝缶之象。

釋：誠信待人，無咎，終有吉。

六二：比之自內，貞吉。

爻：（位）中正，（應）。

通：本爻變爲坎，重卦爲坎。［水流而不盈，行而不失其信。］

象：二與五正應，二處於內＝自內之象，意謂衷心自願。

釋：發自內心，正則吉。

六三：比之匪人。

爻：無。

通：本爻變爲艮，重卦爲蹇。〔險在前也。〕

象：本爻變，中爻爲坎，六二六四有匪人之象。六三亦不中正，故有此象。

釋：朋比爲奸，助紂爲虐。

六四：外比之，貞吉。

爻：（位），（比）承。

通：本爻變爲兌，重卦爲萃。〔順以說，剛中而應，聚也。〕

象：六四爻居外卦，外比於五，輔佐九五仁君，正則吉。

釋：親賢重道，正吉。

九五：顯比，王用三驅，失前禽，邑人不誡，吉。

爻：（位）中正，（應），（比）扶據。

通：本爻變爲坤，重卦爲坤。〔萬物資生，乃順承天，坤厚載物。〕

註：王用三驅——天子狩獵時，不可合圍，故設三面之網，是網開一面也。

失前禽，邑人不誡——獵時，禽已失而人不以為意，必天子有道也。

象：坎錯離＝王。九五＝君王。坎＝馬，坤＝車，王駕馬車之象。

坤＝衆人、邑人。初二三四皆為陰爻，靜止不動，是為不誡。

釋：光明正大，行事慈愛寬容，吉。

上六：比之為首，凶。

爻：（位），（比）乘。

通：本爻變為巽，重卦為觀。〔盥而不薦，有孚顒若。〕

象：乘剛，無輔助之實，有控制之心。

釋：乖僻孤獨，凶。

卦九　小畜☰〔巽乾〕〔風天〕

小畜：亨，密雲不雨，自我西郊。

象：小畜綜履。中爻離錯坎＝雲。中爻兌＝西，下卦乾＝郊。

西方之雲，乃乾而無雨之象。

釋：亨，西方密雲不雨。在事之初，人對事物尚有憧憬期望，故亨。

象：小畜，柔得位而上下應之，曰小畜。健而巽，剛中而志行，乃亨。

象：陰爻居四，又處上位，上下五陽皆應之，即所謂柔得位上下應之。

陰爻有畜之功，五陽受一陰之養，乃以小畜大，故以之名。

巽，順也，深入也。二五居中，剛中也。

釋：小畜因懷柔得當，恩及四澤，既勤健又深入，剛強而執著，故亨。

象：風行天上，小畜，君子以懿文德。

象：中爻離＝懿美。下乾＝陽德。

釋：當君子受小人之養時，應發揚其文采以教化之。

初九：復自道，何其咎，吉。

爻：（位），（應）。

通：本爻變爲巽，重卦爲巽。〔剛巽乎中正而志行，柔皆順乎剛。〕

象：自下升上曰復，原爲陽爻之德。陽得陽位，應於六四之陰爻所養。

釋：恢復原有自我之道，無咎，吉。

九二：牽復，吉。

爻：(位)中。

通：本爻變爲離，重卦爲家人。[女正位乎內，男正位乎外。]

象：九二漸近於陰，且爲三陽之主，俱欲牽衆升上而復，是爲牽復。

釋：與大衆同心同德，吉。

九三：輿說輻，夫妻反目。

爻：(位)，(比)扶。

通：本爻變爲兌，重卦爲中孚。[柔在內而剛得中。]

註：輿說輻——車脫了輻。

象：乾錯坤＝輿。變兌＝毀折、脫輻之象。

乾＝夫，長女巽＝妻。中爻離＝目，巽＝多白眼、反目。

九三扶六四，本相悅，然九三變兌＝口舌，夫妻反目之象。

釋：不能相互配合，必反目成仇。

六四：有孚，血去惕出，無咎。

爻：（位），（應），（比）承乘。

通：本爻變爲乾，重卦爲乾。［天道之本然，人事之當然。］

註：血去惕出——受到傷害委屈後，才能平安。

象：離錯坎＝血，有憂之象。若變則重卦爲乾＝血去之象。

六四爻爲小畜養衆之爻，有犧牲小我、完成大我之象。

釋：有信用，難免受到委屈，無咎。

九五：有孚攣如，富以其鄰。

爻：（位）中正，（比）據。

通：本爻變爲艮，重卦爲大畜。［日新其德，剛上而尚賢。］

註：攣——續綴也，牽連也。

象：巽＝繩，陽爻連爲一體，又＝利市三倍，富之象也。

釋：與衆同心同德，共享財富。

上九：既雨既處，尙德載，婦貞厲，月幾望，君子征凶。

爻：無。

通：本爻變爲坎，重卦爲需。〔險在前也，剛健而不陷。〕

註：既雨既處，尙德載，婦貞厲——雨停後，衆人同行，婦心正厲。

月幾望，君子征凶——望指滿月，月滿時陰最盛，不利於陽，君子有行必凶。

象：變坎爲雨。巽風吹散雨勢，雨止可往。

下三陽爻＝德，坎＝車載之。巽婦＝貞順，變坎＝險，婦貞厲之象。

釋：大家合作到了一定的程度，人心丕變，互相猜疑，行事則凶。

卦十 履䷉〔乾兌〕〔天澤〕

履虎尾，不咥人，亨。

象：履綜小畜。中爻巽錯震＝足，自上而履下。

下卦兌錯艮，艮＝虎之象，因下卦而稱尾。

兌＝口、悅，中爻巽＝順，虎悅順而不咬人之象。

釋：踏到老虎之尾，然虎並未咬人，亨。

彖：履，柔履剛也。

象：六三之柔，履九二之剛。

釋：向困難挑戰，以弱凌強也。

象：上天下澤，履，君子以辯上下，定民志。

釋：君子能辨上下之分，規定明確，民自能按步實施。

初九：素履，往無咎。

爻：（位）。

通：本爻變爲坎，重卦爲訟。〔上剛下險，險而健。〕

註：素履——憑個人的條件。

象：初陽伊始，尙無染著，是素。

釋：安貧樂道，可往，無咎。

九二：履道坦坦，幽人貞吉。

爻：（位）中，（比）扶。

通：本爻變爲震，重卦爲無妄。〔動而健，剛中而應，大亨以正。〕

註：幽人——隱居山林、不好名利者。

象：變爲震＝大道、坦然。中爻離明在上，下爻則相對爲幽。

釋：前途平坦，不好高騖遠，不計名利者，正吉。

六三：眇能視，跛能履，履虎尾，咥人凶。武人爲于大君。

爻：（應），（比）承乘。

通：本爻變爲乾，重卦爲乾。〔天道之本然，人事之當然。〕

註：眇能視，跛能履——雖瞎可見，却未見其明。雖跛能行，未能致遠。

履虎尾，咥人凶——踩及虎尾，其凶不可言。

武人爲于大君——猶武人以暴力篡位，得其位，未必能治也。

象：中爻巽錯震＝足，下離＝目，皆爲兌之毀，故跛又眇。

重卦人位，正居兌口，是在虎口之中，咥人之象。

六三柔弱失其位，變重卦爲乾，剛勇武猛，是武人亦爲大君。

釋：視不明，才不足，自不量力，冒進必凶。

九四：履虎尾，愬愬終吉。

爻：（比）據。

通：本爻變爲巽，重卦爲中孚。〔柔在內而剛得中。〕

註：愬愬——畏懼貌。

象：剛居柔位，無所憑藉＝履虎尾貌。

九四陽剛，且係乾體，近君，知所畏懼之象。

釋：遇不測，戒懼謹愼，終吉。

九五：夬履，貞厲。

爻：(位)中正。

通：本爻變爲離，重卦爲睽。〔二女同居，其志不同行。〕

註：夬——決也，不顧一切也。

象：夬與履，皆乾兌上下相易之卦。

九五中正，無應無比，居至尊之位，於履之時，乃剛決而行之象。

釋：堅決固執，雖正亦危。

上九：視履，考祥，其旋，元吉。

爻：(應)。

通：本爻變爲兌，重卦爲兌。［悅也。］

註：視履，考祥，其旋——反省自己過去作爲，有錯改之。

象：中爻離☲目、視。

釋：自我檢討，有錯必改，大吉。

卦十一　泰䷊［坤乾］［地天］

泰：小往大來，吉亨。

象：正月之卦，泰綜否，且錯否。

陰小，陽大，由內至外爲往，反之爲來。

泰、否、既濟、未濟四卦，內卦與外卦情況反相，有消長之象。

釋：天地交，陰陽二氣相通，故爲泰，吉亨。

彖：泰，小往大來吉亨，則是天地交，而萬物通也，上下交，而其志同也。內陽而外陰，內健而外順，內君子而外小人。君子道長，小人道消也。

釋：陰去陽來，故吉亨，天地交泰萬物流通，上下交心，志同道合。內陽爻，

外陰爻，內健，外順，內君子，外小人。君子之道增長，小人之道消失。

象：天地交泰，后以財成天地之道，輔相天地之宜，以左右民。

釋：天地交泰以後，自有因時因地制宜之法則，使人民安居樂業。

初九：拔茅茹，以其彙，征吉。

爻：（位），（應）。

通：本爻變爲巽，重卦爲升。〔巽而順，剛中而應。〕

註：拔茅茹，以其彙——拔茅草時，因草根相連，一齊被拔起。

象：變巽＝草茅。茹＝根＝初爻。

初以陽居下，剛明之才，泰之初，志在上進，賢者以其類，同進之象。

釋：志同道合，努力上進，吉。

九二：包荒，用馮河，不遐遺。朋亡，得尙于中行。

爻：（位）中，（應）。

通：本爻變爲離，重卦爲明夷。〔內文明而外柔順，以蒙大難。〕

註：包荒，用馮河，不遐遺，朋亡——處泰之道也，量大，勇爲，深思，不黨。

得尚于中行——合此四德，則能配合九二中行之道。

象：陽來乎下，故九二包初九之茅草，謂之包荒，意包容一切也。

九二變中爻爲坎＝河。二爻位柔，陽勇健，故稱馮河。

二與初爲邇，隔三、四，與五爲遐。九二上應六五，不顧其遠，故稱不遐遺。

朋者初爻也，三陽同進，朋也。不計朋友之私，故稱朋亡。

釋：量大，勇爲，深思，不黨，始能光大。

九三：無平不陂，無往不復，艱貞無咎，勿恤其孚，于食有福。

爻：(位)，(應)，(比) 扶。

通：本爻變爲兌，重卦爲臨。[剛浸而長，說，而順剛中而應。]

註：無平不陂，無往不復——陸地必有高低，運動必有往復。

勿恤其孚，于食有福——勿期望別人有信於我，對已經得到的就應該滿足。

象：上卦坤爲地，地上有平有坡。九三變爲兌＝食之象。

釋：世事變化不測，於艱難中要正直不阿，隨遇而安。

六四：翩翩不富，以其鄰，不戒以孚。

爻：（位），（應），（比）乘。

通：本爻變爲震，重卦爲大壯。〔大者壯也，剛以動，故壯。〕

註：翩翩不富，以其鄰，不戒以孚——環境不宜，結伴爲鄰，互信互諒。

象：適爲陰陽交泰之爻，外卦之三陰爻翩翩而至。

變震綜巽＝富，又＝進退不果。坤地本爲在下之物，此乃結伴下行之象。

釋：環境不適，結伴另謀發展。

六五：帝乙歸妹，以祉元吉。

爻：（位）中，（應）。

通：本爻變爲坎，重卦爲需。〔險在前也，剛健而不陷。〕

註：帝乙——殷商紂王之父，賢君。歸妹——婦女出嫁。

帝乙歸妹，以祉元吉——帝乙其妹下嫁朝臣，以求江山之固。

象：中爻三四五爲雷，二三四爲澤，互卦爲歸妹。

釋：施恩惠衆，以求長保安泰。

上六：城復于隍，勿用師，自邑告命，貞吝。

爻：(位)，(應)。

通：本爻變爲艮，重卦爲大畜。[日新其德，剛上而尙賢。]

註：隍——未經整頓之土地。城——掘隍之土，累積之，始爲城。

城復於隍，勿用師，自邑告命——城復舊觀，人力難回，各人自求多福。

象：坤爲衆，中爻爲震，變爻大象離＝戈兵。衆動戈兵，師之象。

中爻兌＝口，告之象。兌綜巽＝命之象。

釋：甘盡苦來，天道往還，人不可力爭也，正則有咎。

卦十二 否☷☰ [乾坤] [天地]

否之匪人，不利君子貞，大往小來。

註：否——閉塞。匪人——非人，乃天也。

象：否綜泰，且錯泰。七月之卦。

釋：天數變化，循環不已，君子守正亦不利，得少失多。

象：天地不交，否。君子以儉德辟難，不可榮以祿。

釋：**君子應收歛言行，不可追求榮華富貴。**

初六：拔茅茹，以其彙，貞吉亨。

爻：(應)。

通：本爻變爲震，重卦爲無妄。[動而健，剛中而應，大亨以正。]

註：拔茅茹，以其彙——拔茅草時，草根相連，一齊被拔起。

象：否綜泰，初爻爻辭相同，但本爻爲陰，故應求之以正。

釋：**牽一髮而動全身，守正始得吉亨。**

六二：包承，小人吉，大人否亨。

爻：(位)中正，(應)。

通：本爻變爲坎，重卦爲訟。[上剛下險，險而健。]

註：包承——包容他人之態度，承受自己之苦難。

象：陰爲小人，三陰＝小人成群。

釋：**逆來順受，小人吉，君子應受折難，則亨。**

六三：包羞。

爻：（應），（比）承。

通：本爻變爲艮，重卦爲遯。[剛當位而應，與時行也。]

註：包羞——忍受羞辱。

象：陰佔陽位，內卦終，面對九四有愧也。

釋：心中慚愧。

九四：有命，無咎，疇離祉。

爻：（應），（比）據。

通：本爻變爲巽，重卦爲觀。[盥而不薦，有孚顒若。]

註：疇離祉——同類（三陽）皆霑福祉。

象：變巽＝命，又＝順命。

釋：受命於上，無咎，同霑福祉。

九五：休否，大人吉，其亡其亡，繫于苞桑。

爻：（位）中正，（應）。

通：本爻變爲離，重卦爲晉。[明出地上，順而麗乎大明，柔進而上行。]

註：其亡其亡，繫于苞桑——否雖將成過去，却如繫於柔弱的苞桑上一般不穩定。

象：九五近卦之終，否將過去，又以陽剛居中正，故大人吉。

中爻巽＝木，又＝繩，繫之象。陰木柔弱，象徵苞桑。

釋：惡運將過，君子吉，但千萬不能大意。

上九：傾否，先否後喜。

爻：（應）。

通：本爻變爲兌，重卦爲萃。［順以說，剛中而應，聚也。］

象：變兌＝悅，喜之象。

釋：惡運已過，終於有喜。

卦十三 同人䷌ ［乾離］［天火］

同人于野，亨，利涉大川，利君子貞。

註：同人—天下大同之道，聖賢無私之心。于野—郊野，無私無黨之處。

象：同人綜大有。下離＝火、日。上卦乾＝天。

日升於天，普照天下，大同大公之狀，是名同人。

六二之離＝同人，應乎外卦乾＝無私、保黨、無親之郊野。

釋：同人無私，亨，利於成大事，利於君子之道。

彖：同人，柔得位，得中，而應乎乾，曰同人。

釋：柔爻得六二之位，上遇乾天，亦同得九五之位，故稱同人。

象：天與火同人，君子以類族辨物。

釋：天與火同屬一類，君子宜將事分門別類，以供應用。

初九：同人于門，無咎。

爻：（位），（比）扶。

通：本爻變爲艮，重卦爲遯。［剛當位而應，與時行也。］

象：變艮＝門。本爻無應＝無私之象。

釋：與人同門，無咎。

六二：同人于宗，吝。

爻：（位）中正，（應），（比）承。

通：本爻變爲乾，重卦爲乾。〔天道之本然，人事之當然。〕

象：凡離變乾而應乎陽者，皆謂之宗，蓋乾爲陽卦之祖也。

上應九五之宗，爲有私黨之象。

釋：結黨營私，吝。

九三：伏戎于莽，升其高陵，三歲不興。

爻：（位），（比）據。

通：本爻變爲震，重卦爲無妄。〔動而健，剛中而應，大亨以正。〕

註：伏戎于莽，升其高陵，三歲不興——伏兵於草叢中，登山窺敵，三年不出戰。

象：離錯坎＝隱伏。中爻巽＝草莽。巽變爲艮＝高陵。離數三＝三歲。

九三剛而忌，知六二與九五之盟，懼九五，戀六二，伏兵深壘，備戰。

釋：私心太重，與人爲敵，難有所得。

九四：乘其墉，弗克攻，吉。

爻：無。

通：本爻變爲巽，重卦爲家人。〔女正位乎內，男正位乎外。〕

象：離＝墉牆。九四擬征六二，然以剛居柔，九三尚不能戰，自以不攻爲吉。

釋：有所圖謀，幸不能成，吉。

九五：同人先號咷而後笑，大師克相遇。

爻：（位）中正，（應）。

通：本爻變爲離，重卦爲離。〔重明以乎正，乃化成天下。〕

註：同人先號咷而後笑，大師克相遇——同人先哭後笑，大軍克敵後相遇。

象：下離錯坎＝憂，九五變中爻爲兌＝悅，是先憂後笑也。

九五變離，中爻錯震＝戈兵動，大軍之象。

同人＝九五與六二同心同德也。中間所阻之陽爻，即爲所剋之敵。

釋：在艱苦奮鬥下，終能克服萬難，達到目的。

上九：同人于郊，無悔。

爻：無。

通：本爻變爲兌，重卦爲革。〔二女同居，其志不相得。〕

象：乾＝郊。

釋：居於郊外，無悔。

卦十四　大有☰［離乾］［火天］

大有：元亨。

象：大有綜同人。

釋：盛大豐有，大亨。

彖：大有，柔得尊位，而上下應之，曰大有。其德剛健而文明，應乎天而時行。

象：柔得尊位，六五也，一陰尊而五陽應之。火在天上，其大而有德也。

釋：柔能克剛，賴其仁德也。其德受之於天，時機已至而順行。

象：火在天上，大有，君子以遏惡揚善，順天休命。

釋：君子宜止惡掖善，順行天命。

初九：無交害，匪咎。艱則無咎。

爻：(位)。

通：本爻變爲巽，重卦爲鼎。［聖人亨以享上帝，而大亨以養聖賢。］

象：上卦離＝戈兵，九四對初九＝對壘，幸初爻去離尚遠，無害之象。

釋：大有之初，難免血氣方剛，守艱則無咎。

九二：大車以載，有攸往無咎。

爻：(位)中，(應)。

通：本爻變爲離，重卦爲離。[重明以乎正，乃化成天下。]

象：乾錯坤＝大車。

二變中爻＝股，巽錯震＝足。股足震動＝有攸往之象。

六五柔弱主政，九二陽剛如大車之任重道遠，雖逾越本分，無咎。

釋：任重道遠，可以有所作爲，無咎。

九三：公用亨于天子，小人弗克。

爻：(位)。

通：本爻變爲兌，重卦爲睽。[二女同居，其志不同行。]

註：公用亨于天子，小人弗克——諸侯之功高，享受有如天子，小人則不可。

象：九三＝下卦之天位，陽爻稱公，乃諸侯之象。

六五得上下輔佐，天子也，公侯有所得必進奉天子，小人不克之象。

釋：君子可獲上寵，小人則不得。

九四：匪其彭，無咎。

爻：（比）扶。

通：本爻變爲艮，重卦爲大畜。〔日新其德，剛上而尙賢。〕

註：彭——鼓聲。出鋒頭的機會，或謂盛多之貌。

九四不得其位，未能大展雄聲，幸有自知之明，比扶柔順之君。

釋：不喧賓奪主，無咎。

六五：厥孚交如，威如吉。

爻：（位）中，（應），（比）承乘。

通：本爻變爲乾，重卦爲乾。〔天道之本然，人事之當然。〕

註：厥孚交如——下從乎上，上信於下。威如——有威嚴之狀。

象：大有之世，君仁臣賢，誠信之極，惟君道貴剛，過柔則危，當有威嚴。

釋：下誠上信，應有威嚴，吉。

上九：自天祐之，吉無不利。

爻：(比)據。

通：本爻變爲震，重卦爲大壯。[大者壯也，剛以動，故壯。]

釋：上得天心，吉無不利。

卦十五　謙☷☶　[坤艮]　[地山]

謙：亨，君子有終。

象：謙綜豫。

釋：謙亨通，君子之道也。

彖：謙亨，天道下濟而光明，地道卑而上行。天道虧盈而益謙，地道變盈而流謙，鬼神害盈而福謙，人道惡盈而好謙。謙尊而光，卑而不可踰，君子之終也。

釋：天地鬼神皆以謙成事，謙卑爲君子之最高準則。

象：地中有山，謙。君子以裒多益寡，稱物平施。

釋：山高而屈居地之下，是謙之象也。君子處世，理應損多益少，稟公持平。

初六：謙謙君子，用涉大川，吉。

爻：無。

通：本爻變爲離，重卦爲明夷。［內文明而外柔順，以蒙大難。］

象：以柔處下，謙之極也。

釋：若能謙，大有成就，吉。

六二：鳴謙，貞吉。

爻：（位）中正，（比）承。

通：本爻變爲巽，重卦爲升。［巽而順，剛中而應。］

象：卦體內實外虛，有飛鳥之象。中爻震＝善鳴，飛鳥而善鳴，是飛鳥遺音也。小過、豫與本卦皆有飛鳥遺音之象，故曰鳴。柔順中正，備具謙德。輔佐九三，互爲和鳴。

釋：以謙自稱，正則吉。

九三：勞謙君子，有終吉。

爻：（位），（應），（比）扶據。

通：本爻變爲坤，重卦爲坤。[萬物資生，乃順承天，坤厚載物。]

象：中爻坎＝勞，＝井。

唯一之陽爻剛健得位，有應有比，勞苦而又能謙，乃正人君子之象。

釋：勤勞又謙虛的君子，持之有恒，吉。

六四：無不利，撝謙。

爻：（位），（比）承乘。

通：本爻變爲震，重卦爲小過。[飛鳥遺之音，不宜上，宜下。]

註：撝——布施。

象：六五之君有謙德，九三功高，四近君，更應施其謙。

釋：謙虛待人，無不利。

六五：不富以其鄰，利用侵伐，無不利。

爻：（位）中。

通：本爻變爲坎，重卦爲蹇。[險在前也。見險而能止，知矣哉。]

註：不富以其鄰——富者衆之所歸也，不富而能有其鄰，必然有謙順之德。

象：上卦坤＝衆，中爻震＝動，六五變離＝戈兵，衆動戈兵＝侵伐。
　柔居尊，上而謙，鄰六四乘剛，如犯上應行鎮壓。

釋：有謙德能服衆，若佐以威武，無不利。

上六：鳴謙，利用行師，征邑國。

爻：（位），（應）。

通：本爻變爲艮，重卦爲艮。［艮其背不獲其身，行其庭不見其人。］

象：坤土＝邑國，爲自己管轄之地。應於九三＝共鳴。
　上六乃謙之極，過於謙遜則難孚衆望，故有行師，以平服內亂之象。

釋：謙極，難以服衆也。

卦十六　豫䷏［震坤］［雷地］

豫：利建侯行師。

　註：豫──和樂，愉悅。因愉悅而順從之意。

　象：豫綜謙。震＝長子，可建侯。中爻坎陷，一陽統衆陰，行師之象。

屯有震無坤＝建侯，謙有坤無震＝行師。豫震坤皆全＝建侯行師。

釋：利於用兵建國。

彖：豫，剛應而志行，順以動。豫，豫順以動，故天地如之。而況建侯行師乎。天地以順動，故日月不過而四時不忒。聖人以順動，則刑罰清而民服。

象：九四剛健，一陽動，而衆陰從之＝豫之象。

釋：動順之道，天地之正理，順之則樂。衆人皆樂，是爲豫也。

象：雷出地奮，豫。先王以作樂崇德，殷薦之上帝，以配祖考。

象：五陰從一陽＝崇德之象。帝出于震＝上帝之象。

釋：雷擊之時，大地響應，是以聞聲乃作樂以示崇敬，奏之廟堂。

初六：鳴豫，凶。

爻：（應）。

通：本爻變爲震，重卦爲震。［震驚百里，不喪匕鬯。］

象：應於九四＝和鳴。

初六陰柔小人，上攀權臣九四，志得意滿狀。

釋：自命不凡，凶。

六二：介于石，不終日，貞吉。

爻：（位）中正。

通：本爻變爲坎，重卦爲解。［險以動，動而免乎險。］

註：介——物自中分爲二。

不終日——不需要到最後才知事態之眞相。

象：六二中正，介於初六、六三間。中爻艮＝石，故言介於石。

逸樂能令人溺，六二能介於石，無應無比，不爲上下衆爻所影響。

釋：堅守原則，不苟同，正則吉。

六三：盱豫，悔，遲有悔。

爻：（比）承。

通：本爻變爲艮，重卦爲小過。［飛鳥遺之音，不宜上，宜下。］

註：盱——張目。

象：中爻錯離＝目。

六三不得位，上羡九四之權勢，自縱其欲。

釋：好逸惡勞，有悔。遲必有悔。

九四：由豫，大有得，勿疑，朋盍簪。

爻：（應），（比）據扶。

通：本爻變爲坤，重卦爲坤。〔萬物資生，乃順承天，坤厚載物。〕

註：朋──衆。盍──合。簪──婦人冠上之飾，以總聚其髮，引申爲聚。

由豫，大有得，勿疑，朋盍簪──豫悅是必然的，勿疑，朋類自當合聚。

象：四居臣位近君，危疑之地。中爻坎＝疑。中爻艮＝止，是不疑之象。

下坤＝婦人，一陽橫于三陰之首＝簪。

九四獨陽，衆望所歸，勿有疑慮，是衆陰所寄望者。

釋：以天下爲己任，求仁而得仁。

六五：貞疾，恒不死。

爻：（位）中，（比）乘。

通：本爻變爲兌，重卦爲萃。〔順以說，剛中而應，聚也。〕

象：中爻坎＝疾。

當豫之時，以柔居尊，沈溺於豫。乘九四之剛，是有疾之兆，但無大礙。

釋：**難有所作爲，也無大災。**

上六：冥豫，成有渝，無咎。

爻：（位）。

通：本爻變爲離，重卦爲晉。［明出地上，順而麗乎大明，柔進而上行。］

註：冥豫，成有渝——沈溺於歡樂，不可自拔，或能有所改變。

象：陰柔居豫之極，昏冥之象。

釋：**樂極生悲，回頭無咎。**

卦十七　隨䷐［兌震］［澤雷］

隨：元亨利貞，無咎。

象：隨綜蠱。兌＝少女，震＝長男。少女從長男之後，隨也。

釋：**有元亨利貞四德，方可無咎。因隨者必須隨正者行，否則有咎。**

彖：隨，剛來而下柔，動而說，隨。大亨貞無咎，而天下隨時，隨時之義大矣哉。

註：說＝悅。

象：震卦剛，兌卦柔。

釋：剛強影響柔弱，弱者隨從強者。大亨，正則無咎。而天下所隨者，時機也。隨時之意義，重大之極也。

象：澤中有雷，隨，君子以嚮晦入宴息。

象：兌上震下，雷在澤下之象。

釋：雷藏澤下，時未至也，君子不宜有所作爲。

初九：官有渝，貞吉，出門交有功。

爻：（位），（比）扶。

通：本爻變爲坤，重卦爲萃。〔順以說，剛中而應，聚也。〕

註：官有渝——所隨之主體有所變化。

出門交有功——門內爲自家人，皆隨私情。出門而交，則以功能爲重也。

象：初隨二。下卦爲震，長子也，今隨而動，是爲有變。中爻艮＝門。

六二中正，故言出門交而有功。

釋：隨著環境改變，正則吉。在外行事，應摒除私情。

六二：係小子，失丈夫。

爻：（位）中正，（應），（比）乘。

通：本爻變爲兌，重卦爲兌。〔悅也。〕

註：係——繫。

象：中爻巽＝繩，以繩繫也。陰爻爲小子＝六三，陽爻爲丈夫＝九五。

二應隨三，故言繫小子。失去九五，謂失丈夫。

釋：得不償失。

六三：係丈夫，失小子，隨有求得，利居貞。

爻：（比）承。

通：本爻變爲離，重卦爲革。〔二女同居，其志不相得。〕

象：三隨四＝係丈夫，中爻巽，有財富，故有所得。失小子＝遠六二也。

繫於九四，然九四不正，故唯有行正爲利。

釋：雖有所得，但唯利於居正。

九四：隨有獲，貞凶，有孚在道以明，何咎。

爻：(比)據。

通：本爻變爲坎，重卦爲屯。[剛柔始交而難生，動乎險中大亨貞。]

象：九四獲下爻之心，故有獲，然九四爲臣，應隨君，不可有獲於私之象。

變坎＝有孚。震爲大塗＝道。變坎錯離＝明。

釋：功高震主，雖正亦凶。唯有至誠，邀上信以明哲保身。

九五：孚于嘉，吉。

爻：(位)中正，(應)，(比)扶。

通：本爻變爲震，重卦爲震。[震驚百里，不喪匕鬯。]

象：八卦正位，兌在六，九五義當隨上六，是爲嘉。

釋：名正言順，吉。

上六：拘係之，乃從維之，王用亨于西山。

爻：(位)，(應)，(比)乘。

通：本爻變爲乾，重卦爲無妄。［動而健，剛中而應，大亨以正。］

註：拘係之，乃從維之——繫之又繫，固結而不可解也。

西山——岐山在周之西，故曰西山。

象：兌居西方，兌錯艮＝山，西山之象。

釋：受到環境拘束，身不由己。

卦十八　蠱☶☴［艮巽］［山風］

蠱：元亨，利涉大川，先甲三日，後甲三日。

註：蠱——物久腐壞而蠱生。

先甲三日，後甲三日——在甲日前後三日，是時機也。

象：蠱綜隨。中爻震木，在兌澤之上，故利涉大川。

釋：當蠱之時，久亂待治，正是其時，不可誤也。

彖：蠱，剛上而柔下，巽而止。

象：艮陽剛居上，巽陰柔在下。

釋：蠱之發生，在於上剛愎自用，情不下達，在下者柔弱無力，情不能上通。

象：山下有風，蠱，君子以振民育德。

象：艮下爲巽＝風在山下。

釋：山下有風，事物敗壞，蠱之時也，君子應該喚醒民衆，培育才德。

初六：幹父之蠱，有子考無咎，厲終吉。

爻：（比）承。

通：本爻變爲乾，重卦爲大畜。〔日新其德，剛上而尙賢。〕

註：幹——木幹直立，引申爲治理解。

父——蠱者前人已壞之緒，故各爻皆有父母之象。

幹父之蠱，有子考無咎——整理父親已敗壞之事業，有子女則可行。

象：中爻震木，下卦巽木＝幹。

初六柔弱，不足勝任，危厲之象。

釋：整頓已敗壞的事業，需要得人，初困難，終吉。

九二：幹母之蠱，不可貞。

爻：(位)中，(應)，(比)據。

通：本爻變爲艮，重卦爲艮。[艮其背不獲其身，行其庭不見其人。]

象：巽＝入，順勢而變也。

九二中而不正，上應六五，本身不正，不可堅持於正之象。

釋：客觀條件所限，不可過於堅持。

九三：幹父之蠱，小有悔，無大咎。

爻：(位)，(比)扶。

通：本爻變爲坎，重卦爲蒙。[山下有險，險而止。]

象：九三過剛，兼於下卦上卦之間，急求表現，難免出錯。

釋：處事操之過急，小有悔，無大咎。

六四：裕父之蠱，往見咎。

爻：(位)，(比)乘。

通：本爻變爲離，重卦爲鼎。[聖人亨以享上帝，而大亨以養聖賢。]

象：柔位居柔，非能治者，故而放縱寬容，因此有咎。

釋：優柔寡斷，處事有咎。

六五：幹父之蠱，用譽。

爻：（位）中，（應），（比）承。

通：本爻變爲巽，重卦爲巽。〔剛巽乎中正而志行，柔皆順乎剛。〕

象：柔居中位，下有九二之應，能用人故得譽。

釋：問題迎刃而解，名利雙收。

上九：不事王侯，高尙其事。

爻：（比）據。

通：本爻變爲坤，重卦爲升。〔巽而順，剛中而應。〕

象：艮＝止，不事之象。變坤錯乾＝王侯之象。巽＝高，高尙之象。

釋：隱居不問世事，以高潔自守。

卦十九　臨䷒〔坤兌〕〔地澤〕

臨：元亨利貞，至于八月有凶。

註：臨——逼進。

象：臨綜觀。二陽於下逼進於陰，是稱爲臨。十二月之卦。

上坤＝順，下兌＝悅，順而悅也。

二陽方長於下，陽道趨盛，至于八月，則其道消，爲有凶之象。

釋：九二上應六五，皆居中，故正而大亨，然至八月之時，陽盡有凶。

彖：臨，剛浸而長，說而順，剛中而應。

註：浸——漸漸。

釋：陽剛漸漸增長，內悅而外順也。

象：澤上有地，臨，君子以教思無窮，容保民無疆。

象：上坤下兌＝澤上有地之象。

釋：君子教誨世人，澤惠無窮，助民之生計，濟世於衆。

初九：咸臨，貞吉。

爻：(位)，(應)。

通：本爻變爲坎，重卦爲師。〔剛中而應，行險而順。〕

註：咸——感也。

象：初九，九二臨乎四陰，陽感於陰。

釋：**有感之始，正而吉。**

九二：咸臨，吉，無不利。

爻：（位）中，（應），（比）扶。

通：本爻變爲震，重卦爲復。［出入無疾，朋來無咎。］

象：剛而得中，又有上進之勢。

釋：**時至矣，吉，無不利。**

六三：甘臨，無攸利，既憂之，無咎。

爻：（比）乘。

通：本爻變爲乾，重卦爲泰。［君子道長，小人道消也。］

象：臨上卦坤，坤味甘，故曰甘臨。陰居陽位，不正而臨，故無攸利。

兌＝口，甘之象。變乾＝惕若，憂之象。

釋：**光說不練，無利。若有所憂，則無咎。**

六四：至臨，無咎。

爻：（位），（應）。

通：本爻變爲震，重卦爲歸妹。［人之終始也。］

象：六四，坤兌之交，且下應九，至臨（到臨）之象。

釋：條件位置相當，無咎。

六五：知臨，大君之宜。吉。

爻：（位）中，（應）。

通：本爻變爲坎，重卦爲節。［剛柔分而剛得中。］

註：知——智也。

象：六五應九二剛中之賢，能用賢，智也。

柔居中，天子知人善用，宜其位也，吉。

釋：知人善用，吉。

上六：敦臨，吉，無咎。

爻：（位）。

通：本爻變爲艮，重卦爲損。〔損下益上，其道上行。〕

象：坤變艮＝敦厚。

得其柔位，厚道親切。

釋：位尊而厚道，吉而無咎。

卦二十　觀☶〔巽坤〕〔風地〕

觀：盥而不薦，有孚顒若。

註：盥——將祭而潔手也。薦——奉酒食以祭也。

顒——大頭。顒若——仰觀以示尊敬之狀。

象：觀綜臨。

釋：洗手後不參加獻禮，站在一旁，誠敬地觀禮。

彖：大觀在上，順而巽，中正以觀天下。

象：上二爻爲陽，下皆爲陰，乃向下觀之狀。

巽坤皆順，順而觀。下爲坤，是觀天下之象也。

釋：**欲觀者，必須高而正，始能廣而知理。**

象：風行地上，觀，先王以省方觀民設教。

象：巽上坤下，是風行於地上之象。

古謂天圓地方，以坤爲方，故稱省方。

釋：**巡視地方，以察民隱，以設教化。**

初六：童觀，小人無咎，君子吝。

爻：無。

通：本爻變爲震，重卦爲益。[損上益下，其道大光。]

象：中爻艮☶少男，童子象。

釋：**童子小人視野淺近，故無咎，君子則有吝。**

六二：闚觀，利女貞。

爻：(位)中正，(應)。

通：本爻變爲坎，重卦爲渙。[剛來而不窮，柔得位乎外而上同。]

註：闚——窺視也。

象：中爻艮＝門。爻變坎＝隱伏，坎錯離＝目。目在門內隱伏處，窺視之象也。

六二爲陰，是爲女象。女本性陰，宜暗中觀察，但男性不宜。

釋：**觀察方式曖昧，唯適合女性。**

六三：觀我生，進退。

爻：（應）。

通：本爻變爲艮，重卦爲漸。［進以正，可以正邦也。］

註：我生——我之所行所爲，亦可謂我之陰陽正應。

象：六三居坤之上，處順之極，可進可退之象。

釋：**自我檢討，以決定進退。**

六四：觀國之光，利用賓于王。

爻：（位），（比）承。

通：本爻變爲乾，重卦爲否。［大往小來，則是天地不交而萬物不通也。］

象：下坤＝國。九五＝君王，四承五＝賓于王之象。

釋：**利於接受客座之職位。**

九五：觀我生，君子無咎。

爻：（位）中正，（應），（比）據。

通：本爻變爲艮，重卦爲剝。［柔變剛也。］

釋：自我鞭策，君子爲民效勞，無咎。

上九：觀其生，君子無咎。

爻：（應）。

通：本爻變爲坎，重卦爲比。［輔也，下順從也。］

釋：不在其位，不謀其政，旁觀他人之事，無咎矣。

卦二一　噬嗑䷔［離震］［火雷］

噬嗑：亨，利用獄。

註：噬——用牙咬。嗑——合口。

用獄——處理行爲不當者之方法，使之正也。

象：噬嗑綜賁。

上下兩陽而中虛，頤之象也。四爲口中之物，故咬之。

釋：亨通，可利用刑罰治理整頓。

彖：頤中有物，曰噬嗑，噬嗑而亨，剛柔分，動而明。雷電合而章，柔得中而上行。雖不當位，利用獄也。

象：雷電交加＝懲罰糾正人不當之作爲也。

釋：口中有物嚼之，齒牙堅硬，而物柔軟，嚼後即分。世事之理，無非如此。

象：雷電，噬嗑，先王以明罰勑法。

象：離＝電。震＝雷

釋：先王明訂罰則，令人遵守奉行。

初九：屨校滅趾，無咎。

爻：(位)，(比)扶。

通：本爻變爲坤，重卦爲晉。[明出地上，順而麗乎大明，柔進而上行。]

註：屨——以械加之於足。校——加於足之器械。

象：中爻坎＝桎梏，校之象也。震＝足趾。

初爻變爲坤＝見土地而不見足，滅其趾之象。
初九爲下民，故爲受刑者。
釋：刑罰爲了使人畏懼，無咎。

六二：噬膚滅鼻，無咎。
爻：（位）中正，（比）乘。
通：本爻變爲兌，重卦爲睽。〔二女同居，其志不同行。〕
象：膚者，肉之外皮也，凡卦中各爻次序相近者，皆謂膚也。
或以卦序言膚，如睽卦兌二離三，本卦離三震四，卦序相近乃有膚之象。
本卦六二指外皮，六三爲肉，九四爲腰（因陽剛，故連骨）。
中間四爻有上下齒之象，故皆言其動作。六二乃治獄者，變兌＝口，噬之象。
中爻艮＝鼻，二變中爻爲離，不見其艮之鼻＝滅其鼻之象。
釋：以柔制剛，小有損折，無咎。

六三：噬腊肉，遇毒，小吝，無咎。
爻：（應），（比）承。

通：本爻變爲離，重卦爲離。〔重明以乎正，乃化成天下。〕

象：離火在前，本爻變又爲離，上火下火，乾其肉爲腊肉也。

中爻坎＝毒。六三柔弱，能力不逮反受毒害。

釋：處事不當反傷己身，小吝，無咎。

九四：噬乾腰，得金矢，利艱貞，吉。

爻：（比）扶據。

通：本爻變爲艮，重卦爲頤。〔自求口實。〕

註：腰——乾肉中帶骨者。

象：此爻正爲頤中之物。上離有乾之象，本陽爻居坎之中，乃金之象。

變坤錯乾＝金。中爻坎＝矢。

釋：眞相難斷，案中有案，艱苦奮鬥守之以正，吉。

六五：噬乾肉，得黃金，貞厲，無咎。

爻：（位）中，（比）承乘。

通：本爻變爲乾，重卦爲無妄。〔動而健，剛中而應，大亨以正。〕

象：變乾＝金。乾錯坤＝黃色。

六五柔順無能，九四扶之，得黃金之象。必正其心而懷危厲，始無咎。

釋：意外之得，正心知艱，無咎。

上九：何校滅耳，凶。

爻：（應），（比）據。

通：本爻變為震，重卦為震。［震驚百里，不喪匕鬯。］

註：何＝荷，負荷。

象：中爻坎＝桎梏。初爻曰屨，上爻則曰負荷，因人之身份而有異也。

坎＝耳痛，故稱滅耳。離＝戈兵，艮＝手，持戈加諸於耳，亦滅耳之象。

上九亦為受刑人，如初爻然。

釋：罪大惡極，怙悛不改，當有此災，凶。

卦二二　賁☶☲［艮離］［山火］

賁：亨，小利有攸往。

註：賁——飾也。

象：賁綜噬嗑。

山下有火，山上有草木百物，山下有火照之歷歷，如裝飾然。

釋：有小利，可從事不太重要之工作。

彖：賁，亨，柔來而文剛，故亨，分剛上而文柔，故小利有攸往，天文也。文明以止，人文也。觀乎天文，以察時變，觀乎人文，以化成天下。

象：本卦綜噬嗑，噬嗑上卦之柔，來文賁之剛。柔指離陰，剛指艮陽。

釋：賁離明於內卦，近處能明，遠處爲艮爲止，故僅能得小利。由天理以察事物之變化，再看人世之環境，以明發生之現象。

象：山下有火，賁。君子以明庶政，無敢折獄。

釋：有火照明，君子應明察民事，使人奉公守法。

初九：賁其趾，舍車而徒。

爻：（位），（應），（比）扶。

通：本爻變爲艮，重卦爲艮。［艮其背不獲其身，行其庭不見其人。］

象：中爻震＝趾。坎＝車。變艮＝止，捨之象。

初爻在下，無車可乘，安步當車之象。

釋：腳踏實地，爲守節義，寧捨車步行。

六二：賁其須。

爻：（位）中正，（比）乘承。

通：本爻變爲乾，重卦爲大畜。〔日新其德，剛上而尚賢。〕

註：須＝在頤曰鬚，鬚不能自動，乃附于頤以爲裝飾者也。

象：變兌＝口，口旁之裝飾，即爲鬚也。

六二柔順，比之上下，二陽健動，隨之而動，有賁其須之象也。

釋：受人支配，難以自行作主。

九三：賁如濡如，永貞，吉。

爻：（位），（比）扶據。

通：本爻變爲震，重卦爲頤。〔自求口實。〕

象：中爻坎水＝自潤濡水之象。

一陽居二陰間，志得意滿之象。

釋：名利兼收，能永遠守正則吉。

六四：賁如皤如，白馬翰如，匪寇婚媾。

爻：(位)，(應)，(比) 乘。

通：本爻變爲離，重卦爲離。[重明以乎正，乃化成天下。]

註：皤——白色。

翰如——如翰之飛也。

象：中爻變爲巽＝白色。中爻震＝馬足，中爻坎＝急急之馬，乃翰如之象。

六四應初九，有婚媾之約。當騎著白馬結親時，逢寇九三，居中爲擾。

釋：好事多磨，憂急無用。

六五：賁于丘園，束帛戔戔，吝，終吉。

爻：(位) 中，(比) 承。

通：本爻變爲巽，重卦爲家人。[正家而天下定。]

註：丘園——丘謂高地，園指園圃，上九之象也。束帛戔戔——謝禮微薄。

象：艮＝丘。又艮＝果蓏。於中爻震木之上，有丘陵園林之象。

陰爻兩折＝束之象。坤＝帛。艮錯兌＝殘缺，戔之象。

六五雖居君位，陰柔之才，不足自守，與上九比而從之。

釋：任用賢能，節儉自吝，終吉。

上九：白賁，無咎。

爻：（比）據。

通：本爻變爲坤，重卦爲明夷。［內文明而外柔順，以蒙大難。］

註：白賁＝裝飾之極，反樸歸眞矣，白者素色也。

釋：裝飾至極處，必然返樸歸眞，無咎。

卦二三　剝☶☷［艮坤］［山地］

剝：不利有攸往。

註：剝——落也。九月之卦。

象：剝綜復。五陰在下，一陽居上，陰盛陽衰，勢將剝落。

釋：當剝落之時，不利於有所作爲，宜儉德避難。

彖：剝，剝也，柔變剛也。

釋：**剝落，剝至一陽，虛實消長變化，一陽至剛，是柔轉爲剛也。**

象：山附於地，剝。上以厚下安宅。

象：山上地下＝山附於地。上＝在上之一陽。下＝下五陰之民。

釋：**剝之時，上者應厚下民之生計，省刑罰，薄稅歛，令民安居樂業。**

初六：剝床以足，蔑貞，凶。

爻：無。

通：本爻變爲震，重卦爲頤。［自求口實。］

註：蔑——滅也。蔑貞——消滅正道。

象：變震＝足。一陽在上，五陰在下，故有宅、廬、床等象。

釋：**禍害開始，正道有難，凶。**

六二：剝床以辯，蔑貞，凶。

爻：（位）中正。

通：本爻變爲坎，重卦爲蒙。〔山下有險，險而止。〕
註：辯——床之幹也，床板之下，足之上，分辯之處也。
象：床足之上爲床幹。
釋：**禍害更近了，正道難危，凶。**

六三：剝之，無咎。
爻：（應）。
通：本爻變爲艮，重卦爲艮。〔艮其背不獲其身，行其庭不見其人。〕
象：群陰之中，獨此六三有應於上九，是小人中之君子。
釋：**順時居命，無咎。**

六四：剝床以膚，凶。
爻：（位）。
通：本爻變爲離，重卦爲晉。〔明出地上，順而麗乎大明，柔進而上行。〕
象：六三爲床板，六四則爲床上之人，首先接觸者爲皮膚。
釋：**傷及身體矣，凶。**

六五：貫魚以宮人寵，無不利。

爻：（位）中，（比）承。

通：本爻變爲巽，重卦爲觀。［盥而不薦，有孚顒若。］

象：本卦大象爲巽＝魚。本爻變巽＝繩。五陰串列，將以繩貫之。

艮錯兌＝少女，宮人之象。

一陽在上，六五君位＝率群陰，聽命於陽。

釋：利用手段，籠絡人心，無不利。

上九：碩果不食，君子得輿，小人剝廬。

爻：（應），（比）據。

通：本爻變爲坤，重卦爲坤。［萬物資生，乃順承天，坤厚載物。］

象：艮＝果。一陽在上＝碩果。碩果不食，必落矣，果中有核，落地再生。

變坤＝大輿，權之象。五陰＝廬，一陽在上＝椽瓦，居所之象也。

碩大的果實不能食，君子得到權力，小人將失去機會。

釋：剝盡復生，此天理也。君子道長，小人道消。

卦二四 復䷗ [坤震] [地雷]

復：亨，出入無疾，朋來無咎，反復其道，七日來復，利有攸往。

註：復——回返。五月一陰生後，陽皆在陰之外，至十月變坤，冬至復至內。

象：復綜剝。陰爻牽連于前，朋之象也。由外向內爲來，一陽由內而外謂復。七日來復＝姤，遯，否，觀，剝，坤，復，其數爲七。

釋：各爻之變化，依序而進，終於陰去陽來，可以大有作爲。

彖：復亨，剛反，動而以順行。

象：剝後之機，在於剛由上九反至初一。

釋：復之亨，在於陽氣健動，順行由內而外，循環不已。

象：雷在地中，復，先王以至日閉關，商旅不行，后不省方。

象：五陰魚貫＝商旅。一陽橫於下＝閉關。陽君居初＝尚未問政，不省之象。震＝大塗，坤＝衆，商旅之象。震綜艮＝止而不行。坤＝方。

釋：地下雷震，萬象更新。此時一切正在整頓，尚未開始。

初九：不遠復，無祇悔，元吉。

爻：(位)，(應)，(比) 扶。

通：本爻變爲坤，重卦爲坤。[萬物資生，乃順承天，坤厚載物。]

註：祇——抵。

象：初九居於下，群陰無不拭目以待也。

釋：及時回頭，有錯即改，大吉。

六二：休復，吉。

爻：(位) 中正，(比) 乘。

通：本爻變爲兌，重卦爲臨。[剛浸而長，說而順，剛中而應。]

註：休——不急躁狀。

象：初九大吉，得比之助而吉。

釋：按步就班，吉。

六三：頻復，厲無咎。

爻：無。

通：本爻變爲離，重卦爲明夷。［內文明而外柔順，以蒙大難。］

釋：一而再地發生，雖危厲然尙無咎。

六四：中行獨復。

爻：（位），（應）。

通：本爻變爲震，重卦爲震。［震驚百里，不喪匕鬯。］

象：五陰之中＝中，爻變震＝足，行之象。獨與陽爻相應＝獨之象。陰漸盛矣，君子之道漸消，能明理者鮮矣。

釋：衆人皆睡我獨醒。

六五：敦復，無悔。

爻：（位）中。

通：本爻變爲坎，重卦爲屯。［剛柔始交而難生，動乎險中大亨貞。］

象：六五以中德居尊位，有敦厚之象。

釋：盡心盡力，成敗不計，無悔矣。

上六：迷復，凶。有災眚，用行師，終有大敗。以其國君凶，至于十年不克征。

爻：（位）。

通：本爻變爲艮，重卦爲頤。［自求口實。］

象：坤＝迷，又＝衆，師之象。

變艮，大象爲離＝戈兵，又大象震＝行。衆持戈而行，乃行師之象。

上六，見坤卦「龍戰於野」，大敗之象。坤＝國，＝十，土之成數。

釋：已迷失了方向，凶。有災難，如有所作爲，將傷及根本，元氣大喪。

卦二五　無妄䷘［乾震］［天雷］

無妄：元亨利貞，其匪正有眚，不利有攸往。

註：無妄——無望，或解不作指望，或解爲至誠無虛妄之心。

象：無妄綜大畜。天在上動在下，本自然之理，應無妄，然人若妄動則妄矣。

釋：順天而行，自然大亨，若心中不正而妄想得利避害，則有災也。

彖：無妄，剛自外來而爲主於內。動而健，剛中而應，大亨以正。

象：無妄綜大畜。大畜上卦之艮，來居無妄下卦之震，是剛自外來而主於內也。

釋：剛自外來，而動於內，若動自天，亨通自不待言，若動於人，則有災也。

象：天下雷行，物與無妄。先王以茂對時育萬物。

象：上天下雷，是天下雷行。

釋：萬物之始各有其原因，識者應依天時地利，以處理事物。

初九：無妄，往吉。

爻：(位)，(比)扶。

通：本爻變爲坤，重卦爲否。[大往小來，則是天地不交而萬物不通也。]

象：陽剛居初，動之於天也。

釋：不作妄想，可往且吉。

六二：不耕穫，不菑畬，則利有攸往。

爻：(位)中正，(應)，(比)乘。

通：本爻變爲兌，重卦爲履。[柔履剛也。]

註：耕穫——春耕秋穫。菑——一歲所墾之田。畬——三歲所墾之田，田已熟者。

不耕穫，不菑畬——意爲明其道不計其功。

象：初爲地，二爲田，震居東爲禾稼＝春耕之象。

中爻艮爲手，禾在手＝穫之象。

釋：如能不計功利，率性而爲，則無往而不利。

六三：無妄之災，或繫之牛，行人之得，邑人之災。

爻：（應），（比）承。

通：本爻變爲離，重卦爲同人。［與人同也。］

象：大象離，此爻變爲離，離＝牛。中爻巽＝繩，艮＝鼻，繩繫牛鼻之象。

震＝足，三爲人位，行人之象。三居坤土，象邑，又居人位，象邑人。

錯坎＝盜，牛失之象。邑人繫牛＝行人無意得之之象。

釋：不經意之災難，一人之得，爲另一人之失。

九四：可貞無咎。

爻：（比）據。

通：本爻變爲巽，重卦爲益。［損上益下，其道大光。］

釋：自守正道，無咎。

九五：無妄之疾，勿藥有喜。

爻：（位）中正，（應）。

通：本爻變爲離，重卦爲噬嗑。〔頤中有物。〕

象：爻變爲坎＝疾，中爻巽木艮石＝藥物。中爻巽綜兌＝喜悅之象。

位中正，下應亦中正，不必擔心之象。

釋：偶得小恙，無害，有喜。

上九：無妄，行有眚，無攸利。

爻：（應）。

通：本爻變爲兌，重卦爲隨。〔剛來而下柔，動而說隨。〕

象：下應震足，行之象。上九有動意，但居極處，動必有災。

釋：無妄，不宜有所爲，行必有災，無利可言。

卦二六 大畜☶☰〔艮乾〕〔山天〕

大畜：利貞，不家食，吉，利涉大川。

象：大畜綜無妄。大者陽也，以陽畜陽，大於小畜之以陰畜陽。

中爻兌口在外，四近於五之君，食祿于朝＝不家食之象。

大象離錯坎，象頤，象飲食。錯坎水，中爻震木＝涉大川之象。

釋：大畜利於正，宜於開創事業。

象：大畜，剛健篤實輝光，日新其德，剛上而尙賢，能止健，大正也。

象：乾＝剛健，艮＝篤實。大象離＝輝光。

大畜綜無妄，無妄下卦之震，今爲大畜上卦之艮，剛賢，又能止。

釋：大畜賢才在上，能濟衆，宜爲衆人服務，分享其德惠。

象：天在山中，大畜，君子以多識前言往行，以畜其德。

象：天者一氣而已，氣貫於山中，山依附天下，各得其利。

釋：天在山中，大畜，施德於衆也。君子應自我充實，多知聖賢之嘉言善行，

以培養自己之德行。

初九：有厲，利已。

爻：(位)，(應)。

通：本爻變爲巽，重卦爲蠱。[上情不下達，下情不能上通。]

註：已——止也。

象：乾三陽爲艮所畜，故內外之卦，各具有其意義：內卦受畜，以自止爲義；以陰陽論，則如君子之受畜於小人。外卦能畜，以止人爲義。

初九陽剛，志於必進，然爲六四所止，往有危，故利於止。

釋：危厲，利於止。

九二：輿說輹。

爻：(位)中，(應)。

通：本爻變爲離，重卦爲賁。[觀乎天文，以察時變。]

象：乾錯坤=輿，中爻兌=毀折，脫輹之象。

釋：不可冒然行動。

九三：良馬逐，利艱貞，曰閑輿衛，利有攸往。

爻：(位)，(比) 扶。

通：本爻變爲兌，重卦爲損。[損下益上，其道上行。]

註：閑輿衛——學習載重應變工具之應用也。

象：乾＝良馬。中爻震，逐馬之象。遇艮止，艱困之象。

乾之上爻，馬健力強，惟應避免過於激進，應先準備周全。

釋：有機會，但以艱苦守正爲利，謀定而後動，有利可圖。

六四：童牛之梏，元吉。(梏，有作牯者。)

爻：(位)，(應)，(比) 乘。

通：本爻變爲離，重卦爲大有。[其德剛健而文明，應乎天而時行。]

註：梏 (牿)——施橫木於牛角上，以防其觸。

象：此爻變離＝牛。艮＝少男，故象童牛。變離錯坎＝梏之象。

在牛角未長成時，即先施橫木，施工易，爲善大。

釋：及早動手準備，大吉。

六五：豭豕之牙，吉。

爻：(位)中，(應)，(比)承。

通：本爻變爲巽，重卦爲小畜。[柔得位，健而巽，剛中而志行。]

註：豭——奔躍之豕也。

牙——在此非指齒牙，乃繫豬之樁木，以防止豬奔跑。

象：大象離錯坎=豕。中爻震足性動=豕奔也。將豬繫住，以免走脫。

釋：**防患於未然，吉。**

上九：何天之衢，亨。

爻：(比)據。

通：本爻變爲坤，重卦爲泰。[君子道長，小人道消也。]

註：何——負荷。

衢——四通八達之大道。

象：上一陽挑兩陰，象擔荷。艮綜震=大塗，象衢。

釋：**爲國家社會擔當大任，亨通。**

卦二七　頤☶☳〔艮震〕〔山雷〕

頤：貞吉，觀頤，自求口實。

象：頤綜大過。上下二陽內含四陰，外實內虛，上止下動，口頤之象。大象離☲目，觀之象也。震不求艮，艮不求震，惟自求同體之陽。

釋：正者吉，觀其所養之道，無不自食其力也。

彖：頤，貞吉，養正則吉也。

釋：正吉者，養之受之以正則吉。

象：山下有雷，頤。君子以愼言語，節飮食。

象：山上雷下，頤養也。

釋：帝出乎震成乎艮，萬物得養知所止也。君子應愼言語，節飮食以養德。

初九：舍爾靈龜，觀我朶頤，凶。

爻：（位），（應），（比）扶。

通：本爻變爲坤，重卦爲剝。〔柔變剛也。〕

註：朵頤——垂涎欲食之貌。

象：大象離＝龜（靈龜，非可食之物也）。爾指六四應爻。

六四之靈龜不可貪戀，蓋衆爻盡皆垂涎也。

釋：不能安分守己，凶。

六二：顚頤，拂經，于丘頤，征凶。

爻：（位）中正，（比）乘。

通：本爻變爲兌，重卦爲損。[損下益上，其道上行。]

註：顚頤，拂經——顚倒了養育的順序，有悖常理。

于丘頤——由山上（指上九）來養（下養上爲常理）。

象：六二陰柔，不能自養，求養於上九＝顚頤。上卦艮＝山丘。

釋：游手好閒，趨炎附勢，行必有凶。

六三：拂頤，貞凶，十年勿用，無攸利。

爻：（應）。

通：本爻變爲離，重卦爲賁。[觀乎天文，以察時變。]

象：中爻坤＝十之數。六三陰柔居陽位，不正而動，拂逆於養育之象。

釋：拂逆於環境，雖正亦凶。時久而難有發展，無利可圖。

六四：顚頤，吉，虎視眈眈，其欲逐逐。無咎。

爻：（位），（應）。

通：本爻變爲離，重卦爲噬嗑。［頤中有物。］

象：得其位。艮＝虎，變爻爲離＝視。

六二、六三競在下＝其欲逐逐之象。

釋：上有養者，吉，雖爲衆矢之的，無咎。

六五：拂經，居貞吉，不可涉大川。

爻：（位）中，（比）承。

通：本爻變爲巽，重卦爲益。［損上益下，其道大光。］

象：居君位，陰柔不能自養，尚有求於人，正則吉，但應無所作爲。

釋：外強中乾，居正吉，不可冒險行事。

上九：由頤，厲吉，利涉大川。

爻：（應），（比）據。

通：本爻變爲坤，重卦爲復。〔出入無疾，朋來無咎。〕

釋：有德有能，危厲而吉，可成大事。

卦二八　大過䷛〔兌巽〕〔澤風〕

大過：棟橈，利有攸往，亨。

註：棟——梁上之木也。橈——木曲爲橈。棟橈，不直之棟梁也。

象：大過綜頤。

釋：非最理想之材料，但却能有大用。

彖：大過，大者過也。

釋：大過，陽大，群聚於中，多過於陰。以中道而言，凡大則過，是稱大過。

象：澤滅木，大過，君子以獨立不懼，遯世無悶。

象：兌澤淹沒巽木，水過大也。

釋：人世間風波不斷，君子應自強自信，勿受環境影響。

初六：藉用白茅，無咎。

爻：（應），（比）承。

通：本爻變爲乾，重卦爲夬。［剛決柔也，健而說，決而和。］

註：藉用白茅——墊底時選用潔淨柔軟之材料。

象：巽陰木＝茅草。又巽＝白。以陰柔居巽下，畏懼而無咎。

釋：大過之時，謹愼小心，無咎。

九二：枯楊生稊，老夫得其女妻，無不利。

爻：（位）中，（比）據。

通：本爻變爲艮，重卦爲咸。［二氣感應以相與，止而說。］

註：稊——嫩木。

象：巽＝楊。大過之時，爻二、五皆言枯，三、四則言棟，意堅也。

下巽錯震＝長男，應兌＝少女，故有老夫少妻之象。

又九二初六相比和，九二男，居長，初六女，居幼，亦老夫少妻之象。

釋：有意外驚喜，生機盎然，無事不利。

九三：棟橈，凶。

爻：(位)，(應)。

通：本爻變爲坎，重卦爲困。[柔掩剛也。]

象：變坎＝棟。棟爲樑上屋脊之木，居下卦，未得其用，凶。

釋：未適其所，凶。

九四：棟隆，吉，有它吝。

爻：(應)。

通：本爻變爲坎，重卦爲井。[井養而不窮也。]

象：外卦虛上實下，正爲棟之用。

棟隆然而起，用得其所，然棟橈不正不直，故難免有吝。

釋：得其所，吉，但有其他不測之吝。

九五：枯楊生華，老婦得其士夫，無咎無譽。

爻：(位)中正，(比)扶。

通：本爻變爲震，重卦爲恒。[雷風相與，巽而動，剛柔皆應。]

象：九五兌錯艮＝少男，應爻巽＝長女，是老妻少夫。

九五上六相比和，九五男，年少，上六女，年老，亦老妻少夫之象。

釋：兩相情願，無所謂得失也。

上六：過涉滅頂，凶，無咎。

爻：(位)，(應)，(比)乘。

通：本爻變爲乾。重卦爲姤。〔遇也，柔遇剛也。〕

象：變乾＝首，頂也。澤水在首，滅頂之象。

陰爻柔弱難濟，然大過之時，義無反顧也。

釋：求仁而得仁，大難當頭，凶而無咎。

卦二九　坎☵〔坎坎〕〔水水〕

習坎，有孚，維心亨，行有尙。

註：維——繫。坎——險陷。有尙——有功。

象：坎錯離。一陽陷二陰中，險也，然剛強不屈，是爲有功。

釋：身在險中，心有誠信，鎭定不懼，亨通有功。

彖：習坎，重險也。水流而不盈，行險而不失其信。

象：上險下險，故名習坎。水水續流，故而不盈。中爻陽剛爲信。

釋：重險可畏，然水有其德，永遠向下流，而不失其信。

象：水洊至，習坎，君子以常德行，習教事。

註：洊至——再至。

釋：君子觀水之有恒而知天理，以修道德、啓發他人。

初六：習坎，入于坎窞，凶。

爻：（比）承。

通：本爻變爲兌，重卦爲節。[剛柔分而剛得中。]

象：水性本下，陰柔居下卦之下。習坎已極險，又居險地。

釋：險中有險，凶。

九二：坎有險，求小得。

爻：（位）中，（比）扶據。

通：本爻變爲坤，重卦爲比。〔輔也，下順從也。〕

象：中爻震錯巽＝近市利，求得之象。爻變坤爲小，故爲求小得。

九二剛得中，陷于上下二陰之中，雖不能出險，尚能自濟。

釋：在險中，僅可求小得。

六三：來之坎坎，險且枕。入于坎窞，勿用。

爻：（比）乘。

通：本爻變爲巽，重卦爲井。〔井養而不窮也。〕

註：險且枕——面臨乎險，頭枕乎險，處處皆險也。

象：來之者，上下皆同也。中爻震木橫于內，艮止不動，枕之象也。

六三陰柔不得位，在內外二重險中，不得出也。

釋：重險之地，唯有隨遇而安，掙扎無用。

六四：樽酒簋，貳用缶，納約自牖，終無咎。

爻：（位），（比）承。

通：本爻變爲兌，重卦爲困。〔柔掩剛也。〕

註：簋——竹器，缶——瓦器。

納約自牖——自進於牖下，陳列此簡約之事物。

象：坎＝酒。中爻震＝竹，簋之象。坎錯離＝鼓瓦，變離＝牖。

六四陰柔居高位，險難之時，唯有以誠見信於君，可保無咎。

釋：節儉自約，終無咎。

九五：坎不盈，祗既平，無咎。

爻：（位）中正，（比）扶據。

通：本爻變爲坤，重卦爲師。［剛中而應，行險而順。］

象：九五得位，雖未出險，其險不過如此之象。

釋：即將出險，無咎。

上六：係用徽纆，寘于叢棘，三歲不得。凶。

爻：（位），（比）乘。

通：本爻變爲巽，重卦爲渙。［剛來而不窮，柔得位乎外，而上同。］

註：徽纆——皆繩索名，三股曰徽，二股曰纆。

寘——置也。

象：此爻變巽＝繩。坎＝叢棘（囚犯人之處）。坎錯離＝三之數。

上六陰柔居險之極，且乘剛，難脫其災也。

釋：危機重重，爲時甚久，凶。

卦三十 離䷝［離離］［火火］

離：利貞，亨，畜牝牛，吉。

象：離錯坎。離＝火、麗、明也，一陰附麗於上下兩陽。

六五居上不正，故以六二正爲亨。離＝牛，牝牛，其性柔順。

釋：正者亨，火性燥，宜自養柔順之氣。

彖：離，麗也，日月麗乎天，百穀草木麗乎土，重明以麗乎正，乃化成天下。

象：五爲天位，上離有日月麗天之象。二爲地位，下離有百穀草木麗土之象。

上明下明爲重明，皆麗乎正，用以教化天下也。

釋：離明以柔居中，光耀四方，上下皆正，以化育天下。

象：明兩作，離，大人以繼明照于四方。

釋：**上明下明，君子應以天下爲己任。**

初九：履錯然，敬之無咎。

爻：(位)，(比) 扶。

通：本爻變爲艮，重卦爲旅。[柔得中乎外而順乎剛，止而麗乎明。]

象：變艮綜震＝足履。艮＝徑路，交錯之象。

陽剛居下而處開明盛世，志欲上進，有步履交錯之象。

釋：**明進退之道，誠敬則無咎。**

六二：黃離，元吉。

爻：(位) 中正，(比) 承乘。

通：本爻變爲乾，重卦爲大有。[其德剛健而文明，應乎天而時行。]

象：黃色中色也，柔順，麗乎中，文明中正，美之盛也。

釋：**正直完美，大吉。**

九三：日昃之離，不鼓缶而歌，則大耋之嗟，凶。

爻：(位)，(比)據。

通：本爻變為震，重卦為噬嗑。[頤中有物。]

註：耋—人壽八十曰耋。

象：變震＝鼓，離＝大腹，中虛，缶之象。中爻兌＝歌之象。

重明之間，前明將盡，後明又繼，有日昃之象。

太陽西墜，人生而必老，若不能歌詠盡歡，老之將至則嗟嘆不已之象。

釋：事有興衰，人有終始，若不知把握機會，事後婉惜，凶。

九四：突如其來如，焚如，死如，棄如。

爻：(比)扶。

通：本爻變為艮，重卦為賁。[觀乎天文，以察時變。]

象：下體之火炎上，其來也速。先焚之，焚之則死，死則棄之。

九四居上卦之始，陽剛不正，與九三重陽，其盛勢有突然而來之象。

釋：世事變化疾速，常令人措手不及，禍之極也。

六五：出涕沱若，戚嗟若，吉。

爻：（位）中，（比）承乘。

通：本爻變爲乾，重卦爲同人。［與人同也。］

象：離錯坎＝涕若，憂戚。中爻兌＝口嗟若之象。

六五柔居尊，守中，比和上下，有文明之德，心存憂懷之象。

釋：同情關懷，仁慈處世，吉。

上九：王用出征有嘉，折首，獲匪其醜，無咎。

爻：（比）據。

通：本爻變爲震，重卦爲豐。［大也，明以動。］

註：折首——折取頭顱。獲匪其醜——所執獲者，並非其類也。

象：離＝戈兵，變震爲動，出征之象。

上九剛明，威震天下之象。

釋：主動出擊，以解決問題，無咎。

卦三一　咸䷞ [兌艮] [澤山]

咸：亨，利貞，取女吉。

註：咸——感也，男女交相感應，萬物流通互感也。

象：咸綜恒。艮＝少男，兌＝少女，男女相感。兩卦相錯，六爻陰陽皆感應。

艮＝三，兌＝六，艮之一陽居三，兌之一陰居六，男女如其位。

釋：陰陽正位，故利亨貞。女在外卦，宜娶之入內，使有所止，則吉而悅也。

彖：咸，感也。柔上而剛下，二氣感應以相與。

釋：兌陰柔，艮陽剛，互感而相合，是止而悅之兆。

象：山上有澤，咸，君子以虛受人。

象：澤性潤下，土性受潤，故有感。

釋：山虛而受澤水，君子應胸懷謙虛，始能接受他人。

初六：咸其拇。

爻：（應）。

通：本爻變爲離，重卦爲革。〔二女同居，其志不相得。〕

象：以人體言，初爻在下，象足之拇指。艮綜震＝足之象。
足之大拇指，感之不深，且初爻應外卦之九四，其心向外之象。

釋：有了感應，行將發動。

六二：咸其腓，凶，居吉。

爻：（位）中正，（應），（比）承。

通：本爻變爲巽，重卦爲大過。〔大過，大者過也。〕

註：腓——小腿之肚。

象：拇之上爲腓。艮＝止，爻變而爲巽＝進退不果。
上應九五之君，若圖以感情動之必凶。本爻爲止，有等待之象。

釋：蠢蠢欲動，凶。安分守己，吉。

九三：咸其股，執其隨，往吝。

爻：（位），（應），（比）據。

通：本爻變爲坤，重卦爲萃。〔順以說，剛中而應，聚也。〕

象：中爻巽＝股，股僅能隨身而動。

九三陽爻隨六四之陰，乃君子悅小人之象。

釋：阿諛附和，往吝。

九四：貞吉悔亡。憧憧往來，朋從爾思。

爻：（應）。

通：本爻變爲坎，重卦爲蹇。［險在前也，見險而能止，知矣哉。］

註：憧憧往來，朋從爾思——事物相互影響，人所思者皆與自己有關。

象：六爻互應＝憧憧往來之貌。中三陽爻互連＝朋也。

四居上而在中，居心之位，爲感應之中樞。

釋：正則吉，無悔。愼防外在引誘，私心爲患。

九五：咸其腰，無悔。

爻：（位）中正，（應），（比）扶。

通：本爻變爲震，重卦爲小過。［飛鳥遺之音，不宜上，宜下。］

註：腰——背脊肉，與小腿肚相應，是不能動之部份，不可感也。

象：九五比扶上六，又下應六二，偏私淺狹，非人君之道。

上卦兌＝悅，下卦艮＝止。今君悅上而止於二＝咸其腰之象。

釋：選定目標，勿三心二意，無悔。

上六：咸其輔頰舌。

爻：（位），（應），（比）乘。

通：本爻變爲乾，重卦爲遯。〔剛當位而應，與時行也。〕

註：輔頰—牙床外之皮膚爲輔，臉之兩側爲頰。舌動時，輔頰皆隨之而動。

象：兌＝口舌，輔頰。

咸卦＝人之身體，上六陰爻爲口，中三陽爲腹背，下二陰爲腿脚。

釋：動人之辭色而已。

卦三二　恒䷟　〔震巽〕〔雷風〕

恒：亨，無咎，利貞，利有攸往。

象：恒綜咸。男上女下，男動乎外，女順乎內，人理之常，故恒而久。

震＝長男，巽＝長女，上下有序，上下卦皆互應有感。

釋：恒亨通，所以無咎。但應有恒於正，始有所成。

彖：恒，久也，剛上而柔下。雷風相與，巽而動，剛柔皆應，恒。

象：上震爲陽剛，主動。下巽爲陰柔，主順。

釋：上動下隨，天地之道，能同天地之道，故恒久。

象：雷風，恒，君子以立不易方。

註：方——大中至正之理。

釋：君子應堅持正道，持之以恒。

初六：浚恒，貞凶。無攸利。

爻：（應），（比）承。

通：本爻變爲乾，重卦爲大壯。［大者壯也，剛以動，故壯。］

註：浚——深。

象：陰居陽位，與四相應，兩者皆不正。又陰柔小人，初時弱智，不宜守恒。

釋：立場未明，愈堅持愈凶，不利也。

九二：悔亡。
爻：(位)中，(應)，(比)據。
通：本爻變爲艮，重卦爲小過。[飛鳥遺之音，不宜上，宜下。]
象：陽居陰位。爻不正，幸得中，且與六五正應。
釋：保持正常，無悔。

九三：不恒其德，或承之羞，貞吝。
爻：(位)，(應)。
通：本爻變爲坎，重卦爲解。[險以動，動而免乎險。]
象：巽＝進退不果，改節之象。變坎＝狐疑，亦改節之象。
三陽爻雖居陽位，但上應上六，風從雷變＝不恒其德之象。
釋：其德不能堅守，中途變節，雖正亦吝。

九四：田無禽。
爻：(應)，(比)扶。
通：本爻變爲坤，重卦爲升。[巽而順，剛中而應。]

象：應爻爲地，震＝大塗，故象田（師、小過與本卦大象同，皆有禽象）。
應爻陰虛＝無禽之象。九四不得其位，所應不實，故一無所獲。

釋：徒勞無功。

六五：恒其德，貞，婦人吉，夫子凶。

爻：（位）中，（應），（比）乘。

通：本爻變爲兌，重卦爲大過。［大者過也。］

象：爻變爲兌＝少女、妾。婦人以順從爲正。

六五應九二，若以婦守恒於夫，是吉。若以六五爲君，守恒於下屬則凶。

釋：恒守其德爲正，然應符合身份及責任。

上六：振恒，凶。

爻：（位），（應）。

通：本爻變爲離，重卦爲鼎。［聖人亨以享上帝，而大亨以養聖賢。］

象：陰居極位，時機不宜，不識時務之象。

六居恒之極，在震之終，陰爻又難以自主，有不能守、或所守皆不能常之象。

釋：經常妄動躁進，凶。

卦☰☶　遯䷠〔乾艮〕〔天山〕

遯：亨，小利貞。

象：遯綜大壯。六月之卦。天下有山，高山仰止，陽爻上進，一一遠避而去。

二陰在下，陰漸長，小人盛，君子遯避。

釋：遯，君子亨通，小人則利於守正。

彖：遯亨，遯而亨也。剛當位而應，與時行也。

象：九五陽得位，與六二相應。

釋：小人道長，君子應知時而退，以避災吝。

象：天下有山，遯，君子以遠小人，不惡而嚴。

釋：君子遯避，不近小人，態度堅峻，但心中宜保持祥和。

初六：遯尾，厲，勿用有攸往。

爻：（應）。

通：本爻變爲離，重卦爲同人。〔與人同也。〕

象：初＝尾。尾在後，逃避時在最後，乃逃之不及，有危之象。

釋：遯時落後，危厲，無所爲則無災。

六二：執之用黃牛之革，莫之勝說。

爻：(位)中正，(應)，(比)承。

通：本爻變爲巽，重卦爲姤。〔遇也，柔遇剛也。〕

註：莫之勝說——脫不掉。

象：艮＝止，執之象。爻錯坤＝黃牛。

六二上正應九五，其結合之信念堅，改變不得也。

釋：信念堅定，無法改變。

九三：繫遯有疾，厲，畜臣妾，吉。

爻：(位)，(比)據。

通：本爻變爲坤，重卦爲否。〔大往小來，則是天地不交而萬物不通也。〕

註：繫遯有疾——逃避貴速且遠，有所繫縛，則有疾也。

象：艮＝止，陽爻本健，止而不前，是爲繫。中爻巽＝繩繫之象。
九三陽爻＝男子，初六、六二＝臣妾。
釋：遯時，有所繫念，危厲，照顧下屬則吉。

九四：好遯，君子吉，小人否。
爻：(應)。
通：本爻變爲巽，重卦爲漸。[進以正，可以正邦也。]
象：九四應初六＝喜愛。陽爻居陰位，在君子其義當遯，故爲吉，小人則否。
釋：有所喜好而遯，君子吉，小人否。

九五：嘉遯，貞吉。
爻：(位) 中正，(應)。
通：本爻變爲離，重卦爲旅。[柔得中乎外而順乎剛，止而麗乎明。]
象：九五正應六二，當賢者六二遯退時，九五見其志固，嘉褒之象。
釋：嘉褒遯者，正吉。

上九：肥遯，無不利。

爻：無。

通：本爻變爲兌，重卦爲咸。〔二氣感應以相與，止而說。〕

註：肥——寬裕自得。

象：居上九，遠離困擾。

釋：**超然於物外，無所求，無所不利。**

卦三四　大壯☳☰〔震乾〕〔雷天〕

大壯：利貞。

象：大壯綜遯。雷之威在天之上，四陽由下而上盛長，大壯之象。三月之卦。

釋：**大壯，利於正者。**

彖：大壯，大者壯也，剛以動，故壯。

釋：**陽氣漸盛，壯大之貌。**

象：雷在天上，大壯。君子以非禮弗履。

象：外卦震＝禮樂。

釋：君子應克己復禮，非禮勿行。

初九：壯于趾，征凶，有孚。

爻：(位)。

通：本爻變爲巽，重卦爲恒。[雷風相與，巽而動，剛柔皆應。]

象：爻變爲震≡足，在初爲趾。

釋：初生之犢不怕虎，有行動則凶，可得信任。

九二：貞吉。

爻：(位)中，(應)。

通：本爻變爲離，重卦爲豐。[大也，明以動。]

象：陽剛居柔位，在大壯之時，是剛柔得中，未過壯也。

釋：行中道則吉。

九三：小人用壯，君子用罔，貞厲。羝羊觸藩，羸其角。

爻：(位)，(應)。

通：本爻變爲兌，重卦爲歸妹。[人之終始也。]

註：罔——不用。羝羊觸藩，羸其角——羊銜籬，其角困陷於竹籬間。

象：中爻兌＝羊。震＝竹藩。九三乾體之終，在大壯之時，有用壯用罔之象。

釋：**過於剛強，則不免作繭自縛，雖正亦厲。**

九四：貞吉，悔亡。藩決不羸，壯于大輿之輹。

爻：（比）扶。

通：本爻變爲坤，重卦爲泰。［君子道長，小人道消也。］

註：藩決不羸——竹籬倒場，羊角得脫。
壯于大輿之輹——撞上大車的輪子。

象：兌＝毀折，竹籬倒塌之象。爻變坤＝大車。
四陽剛勢盛，壯已過中，壯之盛也。然四失位，故戒以正吉之象。

釋：**正則吉，無悔。無畏艱難，前進不已。**

六五：喪羊于易，無悔。

爻：（位）中，（應），（比）乘。

通：本爻變爲兌，重卦爲夬。［剛決柔也，健而說，決而和。］

象：下四爻陽剛，至六五轉柔弱，有轉爲和易之象。

羊群行而喜觸，若以力制，則難勝而有悔，宜和易待之，是喪羊於易也。

釋：壯之甚，轉爲祥和，無悔。

上六：羝羊觸藩，不能退，不能遂，無攸利，艱則吉。

爻：（位），（應）。

通：本爻變爲離，重卦爲大有。〔其德剛健而文明，應乎天而時行。〕

象：震錯巽＝進退不果。上六壯之極，羊全力以赴，角陷於竹籬之中。

釋：已至進退兩難之際，無所得。若艱守，不逞強，反而吉利。

卦三五　晉☷☲〔離坤〕〔火地〕

晉：康侯用錫馬蕃庶，晝日三接。

註：晉——進而光明也。

康侯用錫馬蕃庶，晝日三接——安國之侯功高，王賜馬衆多，寵遇隆盛。

象：晉綜明夷，且錯明夷。離＝太陽。又離＝三。

坤錯乾＝馬。中爻艮綜震＝蕃。坤＝衆，庶也。

釋：晉，人才受到重視，上下相得。

彖：晉，進也。明出地上，順而麗乎大明，柔進而上行。

釋：光明祥和，宜順勢而行。

象：明出地上，晉。君子以自昭明德。

釋：君子應誠意正心修身，以使其道明於天下。

初六：晉如摧如，貞吉。罔孚，裕無咎。

爻：（應）。

通：本爻變爲震，重卦爲噬嗑。［頤中有物。］

註：摧如——後退狀。罔孚——不信任。裕——寬裕從容。

象：中爻艮綜震＝足行。

中爻坎＝狐疑。群陰互聚，初在下，不得二三之信任＝罔孚。

釋：不急功近利，守正吉。得不到信任，寬心無咎。

六二：晉如愁如，貞吉。受茲介福，于其王母。

爻：（位）中正。

通：本爻變爲坎，重卦爲未濟。［小狐汔濟，濡其尾。］

註：受茲介福，于其王母——遲早會受到其「王母」的好處。

象：中爻坎＝憂愁。中爻艮＝止，有阻。

外卦離＝中女，六五＝王母。

釋：前進困難重重，守正吉，遲早會得到賞識。

六三：衆允，悔亡。

爻：（應），（比）承。

通：本爻變爲艮，重卦爲旅。［柔得中乎外而順乎剛，止而麗乎明。］

象：坤＝衆。六三不中不正，有悔，但下三陰爻同心上進＝衆允悔亡之象。

釋：得到大衆之支持，勇往直前，無悔。

九四：晉如鼫鼠，貞厲。

爻：（應），（比）據。

通：本爻變爲艮，重卦爲剝。［柔變剛也。］

註：鼫鼠——大鼠，貪而畏人者。

象：中爻艮＝鼠。九四失位，貪不當之位，上順六五，下畏三陰＝鼫鼠之象。

釋：進之時，貪婪而懼，正亦危。

六五：悔亡，失得勿恤。往吉，無不利。

爻：（位）中，（比）承乘。

通：本爻變爲乾，重卦爲否。「大往小來，則是天地不交而萬物不通也。」

註：恤——憂。

象：中爻坎＝憂，本爻變則非坎＝勿恤。

六居尊位，本當有悔，幸九四以下皆順附，有悔亡之象。

凡卦中有離象，常用「得、失」二字，即因火無定體，倏然無常多變故。

釋：得失不計於心，往吉，無所不利。

上九：晉其角，維用伐邑，厲吉無咎，貞吝。

爻：（應），（比）據。

通：本爻變爲震，重卦爲豫。「剛應而志行，順以動豫，豫順以動。」

註：晉其角，維用伐邑——晉升至尖端，剛猛失控，必用之以征伐邑國。

象：上爻＝角。離＝兵戈。內卦坤＝衆，邑。變震＝衆人兵戈震動，伐邑之象。

角者，剛而居上者，上九剛居卦極，故以角象之。

釋：進之極，勢難止，整頓內部須嚴厲始吉而無咎，否則雖正亦有吝。

卦三六　明夷☷☲〔坤離〕〔地火〕

明夷：利艱貞。

註：夷——傷也，滅也。

象：明夷綜晉，錯晉。坤＝暗，離＝明，明為暗所掩，是艱困也。

釋：失去光明，能承受艱苦考驗者始有利。

象：明入地中，明夷。內文明而外柔順，以蒙大難，文王以之。

釋：當光明不再時，人應保持理性，接受環境挑戰，周文王即是如此。

象：明入地中，明夷。君子以蒞衆，用晦而明。

釋：在昏暗時期，君子應該韜光養晦，不輕露其智。

初九：明夷于飛，垂其翼。君子于行，三日不食，有攸往，主人有言。

爻：(位)，(應)，(比)扶。

通：本爻變爲艮，重卦爲謙。[謙尊而光，卑而不可踰，君子之終也。]

註：明夷于飛，垂其翼——昏暗之時，飛行不易，鳥翼有傷折而下垂。

君子于行，三日不食——君子見微知著，退避他去，堅守困境而不妥協。

象：離＝雉鳥，初爻＝翼之垂者。能飛且垂翼，表傷不重也。

離居三，又＝日，三日之象；離中虛＝空腹不食。

外卦錯乾＝有言。

釋：在初，事態不顯，識者應堅持原則方可成事，他人之譏嘲不必在意。

六二：明夷，夷于左股，用拯馬壯，吉。

爻：(位)中正，(比)承乘。

通：本爻變爲乾，重卦爲泰。[君子道長，小人道消也。]

註：夷于左股——傷到左股，意爲其傷尚不妨礙行動。

象：中爻震錯巽＝股。爻變爲乾＝良馬。

六二中正得應得比，處明夷之傷，其傷並不嚴重之象。

釋：情況尚不嚴重，速謀對策，吉。

九三：明夷于南狩，得其大首，不可疾貞。

爻：(位)，(應)，(比) 據扶。

通：本爻變爲震，重卦爲復。[出入無疾，朋來無咎。]

象：離＝南，兵戈。中爻震＝震動，出征遠討之象。

外卦坤錯乾＝首，上六＝大首，爲暗之首惡。

九三居離之上，明之極也。處剛而進，遇坤暗於前，是明克暗之象。

釋：若欲有所作爲，不可操之過急。

六四：入于左腹，獲明夷之心，于出門庭。

爻：(位)，(應)，(比) 乘。

通：本爻變爲震，重卦爲豐。[大也，明以動。]

註：左腹——左者，隱僻之所也。左腹，謂人與人共享私秘，象其相交之深也。

象：坤＝腹。爻變爲巽＝入。中爻震綜艮＝門，震＝動，出門庭之象。

六四以陰居陰，處近君之位，小人進言深獲上歡之象。

釋：小人當道，嘩衆取寵。

六五：箕子之明夷，利貞。

爻：(位)中。

通：本爻變爲坎，重卦爲既濟。[初吉終亂。]

象：六五有柔中之德，如同箕子因商紂無道，佯狂而受辱。

五＝君位，因明夷之時，天下失明，故不言君。上六陰暗至極，是爲明夷主。

五近於明夷之主，聖人以爲宜晦其明，以免其禍，故以箕子象之。

釋：忍辱負重，利於正。

上六：不明晦，初登于天，後入于地。

爻：(位)，(應)。

通：本爻變爲艮，重卦爲賁。[亨，小利有攸往。]

象：日在地下＝不明晦。陰居坤之上，明夷卦之終，不明之極。

釋：無自知之明，被成就沖昏頭腦，後必敗落。

卦三七　家人☲☴〔巽離〕〔風火〕

家人：利女貞。

象：家人綜睽。八卦正位，巽＝四，離＝二，本卦長女巽居四，中女離居二。又九五、六二各得正位，有一家之象。

釋：治家之道，利於女正。

彖：家人，女正位乎內，男正位乎外。男女正，天地之大義也。家人有嚴君焉，父母之謂也。父父子子，兄兄弟弟，夫夫婦婦而家道正，正家而天下定矣。

釋：一家之中，男主外女主內，天理也。家中有上下尊卑，家道正，天下定也。

象：風自火出，家人，君子以言有物，而行有恒。

釋：有火始有風，故君子言必有物，行必有恒。

初九：閑有家，悔亡。

爻：(位)，(應)，(比)扶

通：本爻變爲艮，重卦爲漸。［進以正，可以正邦也。］

象：爻變爲艮＝門，止，閑防也。初九剛健，能防閑之象。

釋：要求應嚴格，不可放縱，始無悔。

六二：無攸遂，在中饋，貞吉。

爻：（位）中正，（應），（比）承乘。

通：本爻變爲乾，重卦爲小畜。［柔得位，健而巽，剛中而志行。］

註：無攸遂——無所可爲者。

在中饋——饋者，以食物相待也。婦人主飲食內事，故云在中饋。

象：中爻坎＝飲食，與人飲食爲饋。

釋：只從事本分的工作，正則吉。

九三：家人嗃嗃，悔厲吉，婦子嘻嘻，終吝。

爻：（位），（比）扶據。

通：本爻變爲震，重卦爲益。［損上益下，其道大光。］

註：嗃嗃——大聲喝喚。嘻嘻——嘆聲。

象：九三介六二、六四之中，有夫道，乃一家之主。

釋：過於嚴厲雖爲人所不喜，但却吉利，若過於寬鬆，終必有吝。

六四：富家，大吉。

爻：（位），（應），（比）承乘。

通：本爻變爲乾，重卦爲同人。〔與人同也。〕

象：巽＝近市利三倍，富。變乾＝王，亦富之象。

陰爻主利，居家人之上卦，又近君，且得位，應比皆全，故有富象。

釋：財富人和，大吉。

九五：王假有家，勿恤，吉。

爻：（位）中正，（應），（比）據。

通：本爻變爲艮，重卦爲賁。〔亨，小利有攸往。〕

註：假——至於。

王假有家——君王修身以至齊家。

象：九五中正，有應有比，是治家至正至善之象。

釋：名符其實，必然吉利。

上九：有孚威如，終吉。

爻：無。

通：本爻變爲坎，重卦爲旣濟。〔初吉終亂〕。

象：剛居上＝威如之狀。

釋：目的達到，要保持信用，堅定立場，終吉。

卦三八　睽䷥〔離兌〕〔火澤〕

睽：小事吉。

象：睽綜家人。上離下兌，離＝明，兌＝悅。九二、六五相應而不正。

釋：明而悅，但中而不正，故僅於小事有利。

象：睽，火動而上，澤動而下，二女同居，其志不同行。

註：睽——乖異，先合後違也。

象：上離＝中女，下兌＝少女，火炎上，澤潤下，二女相處，各有主張。

釋：火動而上升，水動而下流，人因同而相合，因異而分離。

象：上火下澤，睽，君子以同而異。

釋：事物之理相同，事件則相異，君子對此應有所知。

初九：悔亡，喪馬勿逐自復，見惡人，無咎。

爻：(位)。

通：本爻變爲坎，重卦爲未濟。[小狐汔濟，濡其尾。]

象：中爻坎＝急心之馬，有馬急心，難以控制，是喪馬之象。

兌＝悅，喪馬而悅，是自復之象。坎＝盜，惡人。

九居卦初，睽之始，剛健有悔，然無應無比，無合故無睽，是以悔亡。

釋：遇事不強求，悔亡，即使有險，亦無咎。

九二：遇主于巷，無咎。

爻：(位)中，(應)，(比)扶。

通：本爻變爲震，重卦爲噬嗑。[頤中有物。]

象：兌錯艮＝里巷。離＝主，目，遇主之象。

二與五乃正應，然睽乖之時，當委屈以相求，有遇主於巷之象。

釋：用變通的方法，以達到目的，無咎。

六三：見輿曳，其牛掣，其人天且劓，無初有終。

爻：（應），（比）承乘。

通：本爻變爲乾，重卦爲大有。［其德剛健而文明，應乎天而時行。］

註：天且劓——天，截髮之刑；劓，去鼻之刑。

象：離＝目，見。又離＝牛。中爻坎＝輿，曳。兌錯艮＝手，挽掣。

六三應上九，而六三又居二陽之間，九二曳之，九四掣之。

六三陰居重卦人位＝人之象，上九居天位＝天之象。兌錯艮＝鼻。離＝戈，

故爲割鼻之象。

釋：世事矛盾複雜，初雖困難，終將得成。

九四：睽孤，遇元夫，交孚，厲無咎。

爻：（比）扶據。

通：本爻變爲艮，重卦爲損。［損下益上，其道上行。］

註：元夫──大人。

象：九四上下爻皆陰，陽爻孤獨無伴，睽離之象。

而睽離之時，陽剛不甘孤立，與初九有遇元夫，交孚之象。

釋：勢孤，應以誠信待人，相互應援，雖有險却無咎。

六五：悔亡，厥宗噬膚，往何咎。

爻：(位)中，(應)，(比)承乘。

通：本爻變爲乾，重卦爲履。[柔履剛也。]

註：厥宗噬膚──宗族親友之間，感情融洽。

象：柔居中，睽時必有悔，然下應賢臣九二，得比，故悔亡。

釋：如能與大衆同心，勇往直前，無咎。

上九：睽孤，見豕負塗，載鬼一車，先張之弧，後說之弧，匪寇婚媾，往遇雨則吉。

爻：(應)，(比)據。

通：本爻變爲震，重卦爲歸妹。[人之終始也。]

註：見豕負塗，載鬼一車──見到滿身是汚泥的豬，以及載著鬼的車。

先張之弧，後說之弧——先張弓欲射，後又疑之而不射。

往遇雨則吉——雨者，陰陽和也，陰陽和則疑慮去，雨過天青，吉也。

象：一陽在頂＝孤。離錯坎＝豕，又＝水，乃豕負塗之象。

坎＝隱伏，載鬼之象。坎＝弓、狐疑、雨。

變震＝歸妹，婚媾之象。寇＝指九二、九四。

上九有六三之應，實不孤，但居睽極，故無所不疑也。

釋：疑心生暗鬼，遇事無疑始吉。

卦三九　蹇䷦〔坎艮〕〔水山〕

蹇：利西南，不利東北，利見大人，貞吉。

註：蹇——險難也。

象：蹇綜解。坎位北，艮位東北，故離東北有利。

釋：險難之時，有利與不利之處，利於追隨有德之士，正則吉。

彖：蹇，難也，險在前也。見險而能止，知矣哉。

象：外卦坎＝險在前。艮＝止，見險而止之象。

釋：**見險而知止，是明理之人。**

象：山上有水，蹇，君子以反身脩德。

釋：**在險難之中，君子應該自我要求，修養德性。**

初六：往蹇，來譽。

爻：無。

通：本爻變爲離，重卦爲旣濟。〔初吉終亂。〕

象：艮綜震＝足，往來。外卦爲坎，往蹇也。

釋：**時機不當，應該等待。**

六二：王臣蹇蹇，匪躬之故。

爻：（位）中正，（應），（比）承。

通：本爻變爲巽，重卦爲井。〔井養而不窮也。〕

註：匪躬之故——自己得不到利益。

象：九五爲王，六二爲臣，外坎爲王之蹇，中爻坎爲臣之蹇。

釋：危難之時，上下交煎，利害成敗，應置之度外。

九三：往蹇，來反。

爻：(位)，(應)，(比) 扶據。

通：本爻變爲坤，重卦爲比。[輔也，下順從也。]

象：外卦坎爲蹇，故反而求其內。

釋：遇事有阻，退一步可也。

六四：往蹇，來連。

爻：(位)，(比) 乘承。

通：本爻變爲兌，重卦爲咸。[二氣感應以相與，止而說。]

象：六四陰柔，處蹇之力有不足，故來與九三相連，合力以濟。

釋：前有困難，同心協力可也。

九五：大蹇，朋來。

爻：(位) 中正，(應)，(比) 扶據。

通：本爻變爲坤，重卦爲謙。[謙尊而光，卑而不可踰，君子之終也。]

象：位外卦坎之中央，九五又爲君位，蹇之大者也。

九三剛健，與九五爲僅有之陽爻，故稱爲朋（下應六二亦可稱朋）。

釋：問題嚴重，幸有助力解決。

上六：往蹇來碩，吉，利見大人。

爻：（位），（應），（比）乘。

通：本爻變爲巽，重卦爲漸。〔進以正，可以正邦也。〕

象：蹇之極，而九三、九五來就，是爲來碩（陽大爲碩）。

釋：難處逢生，吉，利於尋求大人之助。

卦四十　解☳☵〔震坎〕〔雷水〕

解：利西南，無所往，其來復吉。有攸往，夙吉。

註：解——難之解散也。來復——治亂互爲因果，是來及復也。

象：解綜蹇。九四、九二變爲坤＝衆、西南。坎變坤＝險解也，故利西南。

又西南坤方，廣大平易，當天下之難方解，宜容之以寬大也。

釋：難既解，安平無事，但宜修復綱紀，乃吉。

彖：解，險以動，動而免乎險，解。

象：坎在內，震在外，是動而前面無險也。

釋：動離險地，則無險矣。

象：雷雨作，解。君子以赦過宥罪。

釋：君子應體恤他人之過失，原諒包容。

初六：無咎。

爻：(應)，(比)承。

通：本爻變爲兌，重卦爲歸妹。[人之終始也。]

釋：無咎。

九二：田獲三狐，得黃矢，貞吉。

爻：(位)中，(應)，(比)據扶。

通：本爻變爲坤，重卦爲豫。[剛應而志行，順以動豫，豫順以動。]

象：坎＝狐、弓。中爻離＝三。變坤＝黃色、田地。

田獲三狐＝小人淸除之象。黃＝中色；矢＝直物，中直＝君子之象。

釋：小人淸除，困難舒解，正則吉。

六三：負且乘，致寇至，貞吝。

爻：（比）承乘。

通：本爻變爲巽，重卦爲恒。〔雷風相與，巽而動，剛柔皆應。〕

象：坎＝輿、盜。六三小人乘剛＝負且乘。

釋：小人用事，雖正亦吝。

九四：解而拇，朋至斯孚。

爻：（應），（比）扶據。

通：本爻變爲坤，重卦爲師。〔剛中而應，行險而順。〕

象：六三＝拇，小人也。九四與之相應＝君子親小人之象。

釋：遠小人，君子始得前來。

六五：君子維有解，吉，有孚于小人。

爻：（位）中，（應），（比）乘。

通：本爻變爲兌，重卦爲困。[柔掩剛也。]
註：君子維有解——君子與君子相維繫，解去小人。
象：君子＝指九四、九二。六五之君，下應九二，又乘九四，故言維有解。
釋：重用君子而小人自退，吉。

上六：公用射隼于高墉之上，獲之無不利。
爻：（位）。
通：本爻變爲離，重卦爲未濟。[小狐汔濟，濡其尾。]
註：隼——肉食之猛禽。墉——牆。
象：上高而無位＝公。震＝鵠，隼之象。坎＝弓，居下卦，自下射上之象。
震錯巽＝高之象。爻變離，外闈中空＝高墉之象。
釋：小人成衆矢之的，大難得解，無不利。

卦四一　損䷨　[艮兌]　[山澤]

損：有孚，元吉，無咎，可貞，利有攸往。曷之用，二簋可用享。

註：損——減損。二簋可用享——簡陋之祭祀器具即可表至誠。

象：損綜益。

釋：損己利人，要有信用，要正直，誠心即可。

彖：損，損下益上，其道上行。

象：損來自泰卦，損泰之初九，使之成爲上九即爲損卦，是損下益上。

釋：損之所以爲損者，是損下而益上，錦上添花。

象：山下有澤，損。君子以懲忿窒欲。

釋：君子應該戒除忿怒之氣，並減少欲望。

初九：已事遄往，無咎，酌損之。

爻：(位)，(應)。

通：本爻變爲坎，重卦爲蒙。[山下有險，險而止。]

註：遄——速也。

損者，損剛益柔，損下益上也。

象：四陰柔居上賴初之益，下之益上，不應居功。

釋：捨己爲人，無咎，酌量捨之。

九二：利貞，征凶，弗損益之。

爻：（位）中，（應），（比）扶。

通：本爻變爲震，重卦爲頤。〔自求口實。〕

象：二爲柔位，上應六五之君，下卦兌＝悅，乃私情相悅，非損之道也，不可行。

九二剛中，當損之時上益六五爲正，但居柔位，以柔悅上，失剛德之象。

釋：保持公正，有所爲則凶，切勿損公而益私。

六三：三人行，則損一人，一人行，則得其友。

爻：（應），（比）乘。

通：本爻變爲乾，重卦爲大畜。〔日新其德，剛上而尙賢。〕

象：見象辭之象＝三人行，則損一人。

同理，若以一陰下降而言＝一人行，則得一友。

釋：萬事循環相生，有得必有失。

六四：損其疾，使遄有喜，無咎。

爻：(位)，(應)。
通：本爻變爲離，重卦爲睽。[二女同居，其志不同行。]
象：四變，中爻爲坎＝疾。
釋：糾正錯誤，越快越好，無咎。
六五：或益之十朋之龜，弗克違，元吉。
爻：(位)中，(應)，(比)承。
通：本爻變爲巽，重卦爲中孚。[柔在內而剛得中。]
註：兩龜之價爲一朋，十朋之龜表極其貴重之意。
象：大象離＝二龜之象。九二損己，益六五之君以重寶，不可違也。
釋：有其德必受天下之益。大吉。
上九：弗損益之，無咎，貞吉。利有攸往，得臣無家。
爻：(應)，(比)據。
通：本爻變爲坤，重卦爲臨。[剛浸而長，說而順剛中而應。]
註：弗損益之——不損其下，而且益之。

象：居損之極，不得再損。陽爲君，陰爲臣，三爲正應＝得臣之象。無家，爻變爲坤＝有國無家，大公無私之象。

釋：不損且益之，無咎，正始吉，利有所作爲，大公無私，衆心相向。

卦四二 益䷩〔巽震〕〔風雷〕

益：利有攸往，利涉大川。

象：益綜損。

釋：益，事無不利。

象：益，損上益下，民說無疆，自上下下，其道大光。

象：益卦原爲否，損上卦之上九，益於下卦之初九。

釋：益者，損上益下，損多益少，使之公平、公允，天下民衆受福無窮。

象：風雷，益。君子以見善則遷，有過則改。

釋：君子應遷善改過。

初九：利用爲大作，元吉無咎。

爻：(位)，(應)，(比) 扶。

通：本爻變爲坤，重卦爲觀。[盥而不薦，有孚顒若。]

註：大作——重要之事。

象：初剛在下，爲震動之主，各爻皆損上益下，受益重也。
上應於四，四乃大臣也，初九可利用六四，以成就大事之象。

釋：可成就大事，至於至善方可無咎。

六二：或益之十朋之龜，弗克違，永貞吉。王用亨于帝，吉。

爻：(位)中正，(應)，(比) 乘。

通：本爻變爲兌，重卦爲中孚。[柔在內而剛得中。]

註：或益之十朋之龜——贈送十朋之龜，意謂寵賜優厚也。
王用亨于帝——人君永遠忠貞謙誠地祭奉天帝，意謂心誠意敬。

象：六二虛中求益，上有陽剛之應，有王用亨于帝之象。

釋：得到上寵，永遠正直則吉。心誠意敬，吉。

六三：益之用凶事，無咎。有孚中行，告公用圭。

爻：（應）。

通：本爻變為離，重卦為家人。〔女正位乎內，男正位乎外。〕

註：圭——玉製之信物，祭祀朝聘用。

益之用凶事——凶事，指患難之事，救民於災難也。

有孚中行，告公用圭——有誠信合於中道者，應下情上達。

象：中爻坤變坎＝凶險。震＝玉，圭也。

釋：救民於災難，無咎，應將下情上達。

六四：中行告公從，利用為依遷國。

爻：（位），（應），（比）承。

通：本爻變為乾，重卦為無妄。〔動而健，剛中而應，大亨以正。〕

註：中行告公從，利用為依遷國——下情已上達，得到上面之同意。

象：中爻坤＝國。三陰原在下，損上卦之一陽，故上移一位，有遷移之象。

釋：上下溝通，以大衆之利益為依歸則利。

九五：有孚惠心，勿問元吉。有孚惠我德。

爻：（位）中正，（應），（比）據。

通：本爻變爲艮，重卦爲頤。［自求口實。］

象：巽＝命，綜兌＝口。中爻坤錯乾＝言，告問之象。

九五中爻爲艮＝止問之象。又與六二中正相應，有孚惠心之象。

釋：互相信任，德惠爲被，大吉。

上九：莫益之，或擊之，立心勿恒，凶。

爻：（應）。

通：本爻變爲坎，重卦爲屯。［剛柔始交而難生，動乎險中大亨貞。］

象：陽剛居益之極，不可更益也。

巽＝進退不果。變坎＝盜。中爻艮＝手，大象離＝戈兵，擊之象。

上九陽剛，求益之甚者也，所應者陰，是重私利者，其害大矣。

釋：貪得無厭，衆人之敵，凶。

卦四三　夬䷪〔兌乾〕〔澤天〕

夬：揚于王庭，孚號有厲，告自邑，不利即戎，利有攸往。

註：夬——決也，決定或潰決之意。揚——得志放肆。

象：夬綜姤。三月之卦。澤在天上，澤水將潰決之象。

上六＝小人，在君之上。兌錯艮＝門庭。

六與三爲正應，故言孚。兌爲口舌＝號。乾錯坤＝邑，自邑＝同類之陽。

釋：君子道盛，昭示天下，然小人未除，先求穩定，勿操之過急，可成大事。

彖：夬，決也。剛決柔也，健而說，決而和。

釋：剛與柔之對決，健者勝。

象：澤上於天，夬。君子以施祿及下，居德則忌。

釋：君子應施德澤於萬民，但忌居功自矜。

初九：壯于前趾，往不勝爲咎。

爻：（位）。

通：本爻變為巽，重卦為大過。[大者過也。]

象：大象震，初爻＝足趾。前四陽為壯，第五陽為夬。

初爻力弱而意志剛強，有率性而往、不能勝之象。

釋：不自量力，不能勝而有咎。

九二：惕號，莫夜有戎，勿恤。

爻：(位)中。

通：本爻變為離，重卦為革。[二女同居，其志不相得。]

象：爻變離錯坎＝惕，恤。離日在地下＝暮夜。離＝戈兵，有戎之象。

位居中，有責任在身之象。

釋：謹愼戒懼，夙夜匪懈，方無差錯。

九三：壯于頄，有凶。君子夬夬，獨行遇雨，若濡有慍，無咎。

爻：(位)，(應)。

通：本爻變為兌，重卦為兌。[說也，剛中而柔外。]

註：頄——面顴。壯于頄——決心顯露在臉上。

君子夬夬，獨行遇雨，若濡有慍——君子自行其是，難免有違衆意。

象：乾＝首，頄之象。五陽獨此爻與上六相應＝獨行。兌＝雨澤。

釋：決心若形於色，有凶。君子自行其是，無咎。

九四：臀無膚，其行次且。牽羊悔亡，聞言不信。

爻：無。

通：本爻變爲坎，重卦爲需。[險在前也，剛健而不陷。]

註：次且——難行也。

象：變坎＝臀。皮肉相連謂之膚，今爻變爲坎，故無膚。

又兌＝毀折，亦無膚之象。兌＝羊，綜巽＝繩，牽連之象。三陽同進＝牽羊。

乾＝言。變坎＝耳痛，有不信之象。

釋：能力不足，無法成事，依靠他人可，但難獲信任。

九五：莧陸夬夬，中行無咎。

爻：(位)中正，(比)扶。

通：本爻變爲震，重卦爲大壯。[大者壯也，剛以動，故壯。]

註：莧陸——莧菜，柔軟之草生植物。

象：比扶上六，有軟弱不能決定之象。

釋：優柔寡斷，若以中道行事，無咎。

上六：無號，終有凶。

爻：(位)，(應)，(比)乘。

通：本爻變爲乾，重卦爲乾。［天道之本然，人事之當然。］

象：兌＝口、號。變乾＝無號。

釋：無言可辯，終有凶。

卦四四　姤☰［乾巽］［天風］

姤：女壯，勿用取女。

註：姤——不期而遇。

象：姤綜夬。五月之卦。一陰生於下，與陽相遇＝姤。

釋：一陰侵入純陽，其影響力甚大，宜加小心。

彖：姤，遇也，柔遇剛也。

釋：一陰由下而來，遇群剛於上。

象：天下有風，姤。后以施命誥四方。

象：天下有風，風動而物移，物移而相遇。一陰＝君后之象。

釋：根據事物的變化，人們應認識其中道理。

初六：繫于金柅，貞吉，有攸往。見凶，羸豕孚蹢躅。

爻：(應)，(比)承。

通：本爻變爲乾，重卦爲乾。〔天道之本然，人事之當然。〕

註：繫于金柅——繫在上有金屬圈、套牢家畜之木柱子上。

羸豕孚蹢躅——豬雖然瘦，一樣亂跳亂蹦。

象：巽＝木，柅之象，變乾＝金。又巽＝繩，有繫于金柅之象。

如有所往，必見九二與九四，然二者皆凶。

釋：謹愼從事，正則吉，若有所作爲，凶在其中。

九二：包有魚，無咎，不利賓。

爻：(位)中，(比)據。

通：本爻變爲艮，重卦爲遯。[剛當位而應，與時行也。]

象：魚＝陰性且味美，初六陰柔，九二據爲己有，包有魚之象。

九二不正，與初又非正應，故雖得之，僅無咎而已。

釋：所得好處不多，無咎，但不利他人。

九三：臀無膚，其行次且，厲，無大咎。

爻：(位)。

通：本爻變爲坎，重卦爲訟。[上剛下險，險而健。]

象：變坎＝臀。巽錯兌，乾一兌二，皮肉相連謂之膚，今爻變爲坎，故無膚。

又兌爲毀折，亦可謂無膚。巽＝進退不果，有次且之象。

釋：有所失，不敢妄動，危厲，無大咎。

九四：包無魚，起凶。

爻：(應)。

通：本爻變爲巽，重卦爲巽。[剛巽乎中正而志行，柔皆順乎剛。]

象：與初相應，二者皆不得位，初六已爲九二所包，九四包之不得。

釋：不滿所失，起而爭奪則凶。

九五：以杞包瓜，含章，有隕自天。

爻：(位)中正。

通：本爻變爲離，重卦爲鼎。［聖人亨以享上帝，而大亨以養聖賢。］

註：杞——高大之木，葉大而美。以杞包瓜——美而實惠之狀。

象：五陽＝杞，一陰＝瓜。變離＝含章。乾＝瓜、天，有瓜得自天之象。

釋：美好的事物，有德者居之，天命也。

上九：姤其角，吝，無咎。

爻：無。

通：本爻變爲兌，重卦爲大過。［大者過也。］

象：上九高而堅＝角。

釋：無所遇，雖吝，無咎。

卦四五　萃☱☷［兌坤］［澤地］

萃：亨，王假有廟，利見大人，亨。利貞，用大牲吉，利有攸往。

註：萃——聚也。

象：萃綜升。中爻巽木在艮闕上＝廟之象。九五中正＝大人之象。大象坎＝豕，外卦兌＝羊，內卦坤＝牛，皆為大牲之象。

釋：當聚之時，可以格鬼神、見大人，亨而利正。凡用物當豐厚，大有所為。

彖：萃，聚也，順以說，剛中而應，故聚也。

象：水在地上，聚集為澤，上悅下順，九五剛與六二柔相應。

釋：聚者匯合無間也。

象：澤上於地，萃。君子以除戎器，戒不虞。

釋：太平盛世，君子應事先防範，以戒不測。

初六：有孚不終，乃亂乃萃。若號，一握為笑，勿恤，往無咎。

爻：（應）。

通：本爻變爲震，重卦爲隨。〔剛來而下柔，動而說。〕

註：有孚不終，乃亂乃萃。若號，一握爲笑，勿恤——有德不能堅持，心志惶亂，必將與同類爲謀也。若願堅持正德，可呼九四爲援，握手一笑，不必擔心。

象：初與四正應＝有孚，中爻巽＝進退，有孚不終之象。

坤＝迷亂，乃亂乃萃之象。兌＝口舌，號之象。中爻艮＝手，握。兌＝笑。

居萃之時，初六與二陰爲群，迷亂失正，幸九四剛健，可往求之。

釋：有德無恒，常依附其黨。宜從君子，放鬆心情，往無咎。

六二：引吉，無咎。孚乃利用禴。

爻：（位）中正，（應）。

通：本爻變爲坎，重卦爲困。〔柔掩剛也。〕

註：引——開弓也。利用禴——祭祀在於心誠，禮薄無礙也。

象：大象坎＝弓引之象。中爻艮＝手，有弓即可引也。

六二與九五正應，得萃故吉。群陰相互牽引，往就明君，故無咎。

釋：力量集中，吉，無咎。有誠信自然會有天助。

六三：萃如嗟如，無攸利。往無咎，小吝。

爻：（比）承。

通：本爻變爲艮，重卦爲咸。［柔上而剛下，二氣感應以相與。］

象：大象坎＝憂，兌＝口，嗟嘆之象。

六三陰柔失位，居下卦之極，上應於天不得相遇，故有嗟恨之象。

釋：群小相聚，一無所成。可往無咎，有小吝。

九四：大吉無咎。

爻：（應），（比）據。

通：本爻變爲坎，重卦爲比。［承也，下順從也。］

象：衆聚之上，一陽相接，上爲兌體之君，下爲歸順之民，故大吉。

唯九四位不正，當人材萃聚，爲惡則危矣，故必得大吉，然後無咎也。

釋：人材齊集，唯有行正始能無咎。

九五：萃有位，無咎。匪孚，元永貞，悔亡。

爻：（位）中正，（應），（比）扶。

通：本爻變爲震，重卦爲豫。〔剛應而志行，順以動。〕

註：匪孚——不値得信任。

象：九五之尊，萃聚天下之衆，爲萃有位之象。

釋：因地位名望而聚，無咎。然德信不足，應永維正道，始能無悔。

上六：齎咨涕洟，無咎。

爻：（位），（比）乘。

通：本爻變爲乾，重卦爲否。〔大往小來，則是天地不交而萬物不通也。〕

註：齎咨涕洟——嗟嘆悲傷，痛哭涕零。

象：中爻艮＝鼻。大象坎＝涙水，兌＝口，咨嗟之象；又＝澤，涕洟之象。陰柔小人，求萃不得，咨嗟涕洟哀求於五之象。

釋：地位不適，事業不宜，但無咎。

卦四六　升☷☴〔坤巽〕〔地風〕

升：元亨，用見大人，勿恤，南征吉。

象：升綜萃。巽＝木，在坤土之下，將破土上升。大象坎＝憂，恤之象。

釋：大亨，有才必有用，放心往南進。

彖：柔以時升，巽而順，剛中而應，是以大亨。

象：柔本不能升，時至乃升。內巽九二剛中，六五以順應之，故可升。

釋：時機已至，自然上升。

象：地中生木，升。君子以順德，積小以高大。

釋：升之時，君子應注意德行，由少而多，由小而大。

初六：允升，大吉。

爻：（比）承。

通：本爻變爲乾，重卦爲泰。［君子道長，小人道消也。］

象：陰爻＝柔嫩之幼苗。初以陰柔之體居巽下，爲巽之至，柔順之象。

二以剛中之德，上應於君，當升之者也。允者從也，從二同升乃大吉。

釋：柔順同升，大吉。

九二：孚乃利用禴，無咎。

爻：(位)中，(應)，(比)據。

通：本爻變爲艮，重卦爲謙。[謙尊而光，卑而不可踰，君子之終也。]

象：二與五正應，然下剛強，上柔弱，有誠信始得無咎之象。

釋：有誠信乃得多助，無咎。

九三：升虛邑。

爻：(位)，(應)，(比)扶。

通：本爻變爲坎，重卦爲師。[剛中而應，行險而順。]

象：上體爲坤＝國邑，以實升虛(三升四)之象。

釋：上升無阻。

六四：王用亨于岐山，吉無咎。

爻：(位)，(比)乘。

通：本爻變爲震，重卦爲恒。[雷風相與，巽而動，剛柔皆應。]

象：坤錯乾＝君王。文王君岐山，上順天子，下順諸侯，象徵有德之人得其位也。

四柔順，上順君，下順各爻，文王於岐山亦同此德，故有此象。

四上即爲君位，在升之時，應有所忌，是以雖吉，僅得無咎而已。

釋：有德者得其位，吉而無咎。

六五：貞，吉，升階。

爻：（位）中，（應）。

通：本爻變爲坎，重卦爲井。［井養而不窮也。］

象：五下應九二剛中，以守正而吉。升之時，是提拔賢能，循階而升之象。

釋：無私而正，則吉，得以啓用賢才。

上六：冥升，利于不息之貞。

爻：（位），（應）。

通：本爻變爲艮，重卦爲蠱。［上情不下達，下情不能上通。］

象：坤＝迷冥。

釋：無可再升，唯利於自強不息而求正者。

卦四七　困䷮［兌坎］［澤水］

困：亨，貞。大人吉，無咎，有言不信。

象：困綜井。水居澤底，枯涸之水，是困窮也。

九五剛中＝大人。兌＝口，言之象。坎＝耳痛，有言而不聽之象。

釋：困頓之下始能亨，有操守有作爲之正人吉。不必在意他人，言之無益。

彖：困，剛揜也。

註：揜——被掩。

象：九二爲二陰所掩，四五爲上六所掩。

釋：正人君子被小人所遮掩。

象：澤無水，困。君子以致命遂志。

釋：澤中無水，困境，君子應殺生成仁，舍生取義。

初六：臀困于株木，入于幽谷，三歲不覿。

爻：（應），（比）承。

通：本爻變爲兌，重卦爲兌。〔說也，剛中而柔外。〕

象：人坐時臀在下，故初爻爲臀。中爻巽木＝木根。坎＝隱伏，幽谷之象。

坎錯離＝三。六以陰柔處於至卑，又居坎險之下，難而又難之象。

釋：柔弱無力，陷於險境，難於脫困。

九二：困于酒食，朱紱方來，利用亨祀，征凶，無咎。

爻：(位)中，(比)據扶。

通：本爻變爲坤，重卦爲萃。〔順以說，剛中而應，聚也。〕

註：困於酒食，朱紱方來，利用亨祀——爲環境所困，等待機會到來。

象：坎＝酒食。中爻離＝朱之象。巽＝繩紱之象。

二剛中之才，處困之時，上有九五，以其賢能，必來相謀之象。

釋：順應環境，靜待良機。有所爲則凶，否則無咎。

六三：困于石，據于蒺蔾，入于其宮，不見其妻，凶。

爻：(比)承乘。

通：本爻變爲巽，重卦爲大過。〔大者過也。〕

象：兌錯艮＝石。坎＝蒺藜、王宮。中爻巽＝入。

六三陰柔失位，上下皆剛，有困于石據于蒺藜之象。

釋：進退維谷，窮途末路，凶。

九四：來徐徐，困于金車，吝，有終。

爻：（應），（比）據。

通：本爻變為坎，重卦為坎。〔水流而不盈，行而不失其信。〕

象：坎＝車。四與初相應，向下稱來。然四位不中正，其才不足，有徐徐之象。

初與二比，二有剛中之才，足以濟初，有金車之象。四因困於二而有吝。

釋：機會還未到，因條件不足，有吝，最終可成。

九五：劓刖，困于赤紱，乃徐有說，利用祭祀。

爻：（位）中正，（比）扶。

通：本爻變為震，重卦為解。〔險以動，動而免乎險。〕

註：困于赤紱——忠臣難得之謂。

象：兌錯艮＝鼻，艮錯震＝足。兌＝毀折，故有截鼻去足之象。

九五之困，係困於未得天下之心，九二有剛中之德，將可濟困。

釋：困難之時，賢者難得，需要有耐心，以誠意信念團結上下。

上六：困于葛藟，于臲卼，曰動悔，有悔征吉。

爻：（位），（比）乘。

通：本爻變爲乾，重卦爲訟。［上剛下險，險而健。］

註：困于葛藟，于臲卼——困於荒煙蔓草之間，驚惶不安。

象：艮＝山、徑路、蔓草。物極必反，困於極處，有變之象。

釋：困至極處，若知悔改正，則征吉。

卦四八　井䷯［坎巽］［水風］

井：改邑不改井，無喪無得。往來井井，汔至，亦未繘井，羸其瓶，凶。

註：改邑不改井，無喪無得——生活需要水，無論遷居何處，都要有井。

汔至亦未繘井，羸其瓶——井水已乾涸，取水時放繩至井底，失其瓶。

象：井綜困。水入（＝巽）地下，以木（＝巽）桶取之謂之井。

困卦坎在下，井卦坎在上，故稱往來井井。謂不論居住何處，皆需有井。

釋：生活不能缺乏的事物，應行注意，不可失去。

彖：巽乎水而上水，井，井養而不窮也。

象：巽＝繩、木、入。水貯存地下，用繩繫桶取水用之。

釋：水貯存於地下，需要時可取用，供應不缺。

象：木上有水，井。君子以勞民勸相。

釋：君子要勤勞工作，勸勉互助。

初六：井泥不食，舊井無禽。

爻：（比）承。

通：本爻變爲乾，重卦爲需。［險在前也，剛健而不陷。］

象：陰澤在水之下＝泥。巽口在下＝不食之象。禽鳥高飛之物，不能入井也。

釋：勞而無功，不利於用。

九二：井谷射鮒，甕敝漏。

爻：（位）中，（比）據。

通：本爻變爲艮，重卦爲蹇。[險在前也，見險而能止，知矣哉。]

註：井谷射鮒，甕敝漏——射井中的小魚時，把汲水之桶弄破了。

象：坎＝弓，射。巽＝魚，鮒。巽綜兌＝毀折，敝漏之象。

二剛中，上無應，比於初，有破甕漏水，無用之象。

釋：用得不是地方，白費功夫。

九三：井渫不食，爲我心惻，可用汲，王明，並受其福。

爻：(位)，(應)，(比)扶。

通：本爻變爲坎，重卦爲坎。[水流而不盈，行而不失其信。]

註：井渫不食，爲我心惻——井水污澤待清理，不能飲用，人人同情。可用汲，王明，並受其福——聖上明智，知人善用，社稷同受其福。

象：中爻變震，非兌＝口不食之象。坎＝憂，惻之象。

三剛健得位，是可用之才也。

釋：人才未得其用，若有識者，當可大利天下也。

六四：井甃，無咎。

爻：(位)，(比)承乘。

通：本爻變爲兌，重卦爲大過。[大者過也。]

註：甃——以磚砌其井。

四陰柔得位，上承九五之君，才不足，有待進修之象。

釋：整頓調理，無咎。

九五：井洌，寒泉食。

爻：(位)中正，(比)扶據。

通：本爻變爲坤，重卦爲升。[巽而順，剛中而應。]

象：九五中正，才德皆美，於井道是爲至善，不言吉者，水尚未出井口也。

釋：條件極佳，恰到好處。

上六：井收勿幕，有孚元吉。

爻：(位)，(應)，(比)乘。

通：本爻變爲巽，重卦爲巽。[剛巽乎中正而志行，柔皆順乎剛。]

註：井收勿幕——打了水，不蓋其井。

象：坎口在上＝勿幕之象。

井水以上出爲有用，本爻居井之上，井道成也。

釋：澤及他人，有誠信者大吉。

卦四九　革☱☲〔兌離〕〔澤火〕

革：巳日乃孚，元亨，利貞，悔亡。

註：革，巳日乃孚——革，變革既有者，人多疑之，必若干時日後始能信。

象：革綜鼎。澤上而火下，火燃則水涸，水決則火滅，必將有所變革也。

釋：變革，必須假以時日始能昭衆信。大亨，正者有利，無悔。

象：革，水火相息。二女同居，其志不相得，曰革。

象：離＝中女，兌＝少女，象二女同居。

釋：同處一地，意見不同，觀念有異，必有變革。

象：澤中有火，革。君子以治歷明時。

註：治歷明時——治曆法以明四時之序，意爲明辨宇宙之道理。

釋：君子應該明辨世間之道理，昭示衆人。

初九：鞏用黃牛之革。

爻：(位)，(比) 扶。

通：本爻變爲艮，重卦爲咸。[二氣感應以相與，止而說。]

象：離＝牛。中爻乾錯坤＝黃色。居初位卑，無可革之權，上無應，不可爲。

釋：在初宜堅定立場，不可妄動。

六二：巳日乃革之，征吉，無咎。

爻：(位) 中正，(應)，(比) 承乘。

通：本爻變爲乾，重卦爲夬。[剛決柔也，健而說，決而和。]

象：六二得位得應得比，乃時機到來之象。

釋：時機到時，可以行動，無咎。

九三：征凶，貞厲，革言三就，有孚。

爻：(位)，(應)，(比) 據。

通：本爻變爲震，重卦爲隨。[剛來而下柔，動而說隨。]

註：革言三就——一再提出改革的建言。

象：兌＝口，言。離居三，三就之象。

九三以剛居剛，又居下卦離之上，躁於變革，有凶之象。

釋：激進有凶險，雖正亦厲。但能三思而行，則可信矣。

九四：悔亡，有孚，改命吉。

爻：無。

通：本爻變爲坎，重卦爲既濟。〔初吉終亂。〕

註：改命吉——已經改革成功了，吉。

九四革之盛也，革近君，若革之得當，自然無悔。

釋：無悔，有信用，事已成功，吉。

九五：大人虎變，未占有孚。

爻：（位）中正，（應），（比）扶。

通：本爻變爲震，重卦爲豐。〔大也，明以動。〕

象：九五中正＝大人。兌錯艮＝虎。兌＝變，秋季時，獸類換毛有變之象。

釋：有魄力之人，其作爲有聲有色，必昭信於天下。

上六：君子豹變，小人革面，征凶，居貞吉。

爻：（位），（應），（比）乘。

通：本爻變爲乾，重卦爲同人。［亨，利涉大川，利君子貞。］

象：革之終，革道已成，君子徹底改變，小人則隨之，至是不可再變矣。

釋：革道已成，宜守，不可再革，正則吉。

卦五十　鼎☲☴［離巽］［火風］

鼎：元吉亨。

註：鼎——烹飪之器。

象：鼎綜革。巽下離上，下陰爲足，二三四陽爲腹，五陰爲耳，上陽爲鉉。

釋：大吉，亨。

象：鼎，象也。以木巽火，亨飪也。聖人亨以享上帝，而大亨以養聖賢。

象：巽木入離火，有烹飪之象。

釋：鼎，取其形象，燃木引火烹飪。一則祭奉天地，一則奉養聖賢。

象：木上有火，鼎。君子以正位凝命。

釋：君子應正其地位，認識其責任。

初六：鼎顛趾，利出否。得妾以其子，無咎。

爻：(應)，(比) 承。

通：本爻變爲乾，重卦爲大有。[其德剛健而文明，應乎天而時行。]

註：鼎顛趾，利出否——傾倒出鼎中之物，是否容易。

得妾以其子——妻未生子，另娶一妾。

象：巽綜震=足，趾。巽=長女，位卑下，妾之象。震=長子。

釋：爲了達到目標，必須運用手段，無咎。

九二：鼎有實，我仇有疾，不我能即，吉。

爻：(位) 中，(應)，(比) 據。

通：本爻變爲艮，重卦爲旅。[柔得中乎外而順乎剛，止而麗乎明。]

象：九二剛居中，鼎中有實之象。初六九二相比，皆不正，故稱爲仇。

九二與六五正應，其道亨通，是吉之象。

釋：踏實有爲，認識明確，吉。

九三：鼎耳革，其行塞。雉膏不食，方雨虧悔，終吉。

爻：(位)。

通：本爻變爲坎，重卦爲未濟。[小狐汔濟，濡其尾。]

註：鼎耳革，其行塞，雉膏不食，方雨虧悔——鼎中有美食，若烹之過熱，即不得取食。唯有以水澆灑，使之冷却，終於可食也。

象：變坎＝耳。三錯震＝足，行也，三變爲坎＝陷，不能行，行塞之象。

離＝雉。坎＝膏。中爻兌變則非口＝口不食之象。

鼎耳＝六五之鼎黃耳也。

九三陽剛有才，然應於木火之極，烹飪太過，故有行塞之象。

釋：因爲無意之錯誤，致有阻礙，應改弦易轍，終吉。

九四：鼎折足，覆公餗，其形渥，凶。

爻：(應)，(比)扶。

通：本爻變爲艮，重卦爲蠱。〔上情不下達，下情不能上通。〕
註：覆公餗，其形渥——食物傾覆，遭到重懲。
象：中爻震＝足，中爻兌＝毀折，鼎折足之象。
九四不中不正，且下應初六之陰柔，不能勝任之象。
釋：力不足，心不正，事敗且爲害甚烈，凶。
六五：鼎黃耳，金鉉，利貞。
爻：(位)中，(應)，(比)乘承。
通：本爻變爲乾，重卦爲姤。〔遇也，柔遇剛也。〕
註：鉉——繫於鼎耳以扛鼎的用具。
象：五＝鼎耳，六五居中＝黃色。變乾＝金，鉉之象。
釋：可堪大用，利於正。
上九：鼎玉鉉，大吉無不利。
爻：(比)據。
通：本爻變爲震，重卦爲恒。〔雷風相與，巽而動，剛柔皆應。〕

象：變震＝玉。九性剛，居上。玉製之扛鼎用具，非爲實用，貴重之象也。

鼎亦以上出爲利，處上之終，鼎功之成也。

釋：寶物在手，大吉，無不利。

卦五一　震☳〔震震〕〔雷雷〕

震：亨，震來虩虩，笑言啞啞，震驚百里，不喪匕鬯。

象：震綜艮。

釋：亨，人聞震心驚，但並不放在心上，在震驚百里的聲威下，神色不變。

彖：震，亨。

釋：震，亨。

象：洊雷，震。君子以恐懼脩省。

釋：君子應知所戒懼，反省自修。

初九：震來虩虩，後笑言啞啞，吉。

爻：（位），（比）扶。

通：本爻變爲坤，重卦爲豫。[剛應而志行，順以動豫，豫順以動。]

釋：處變不驚，吉。

六二：震來厲，億喪貝，躋于九陵，勿逐，七日得。

爻：(位)中正，(比)乘。

通：本爻變爲兌，重卦爲歸妹。[人之終始也。]

註：億喪貝，躋于九陵——金錢損失極大，生命要緊，逃上山去。

象：乘剛＝震來厲。震＝足，中爻艮＝山。艮居七＝七之象。

居中得正，但因乘剛而得厲。

釋：震動劇烈，損失重大。且升高避之，將失而復得。

六三：震蘇蘇，震行無眚。

爻：(比)承。

通：本爻變爲離，重卦爲豐。[大也，明以動。]

註：震蘇蘇，震行無眚——震得人膽顫心驚，小心行走，無災。

象：六三失位，居二震之間，故不安。

釋：**震動戒懼，遷善改過，無災。**

九四：震遂泥。

爻：（比）扶據。

通：本爻變爲坤，重卦爲復。〔出入無疾，朋來無咎。〕

象：中爻坎＝水，本爻變，則上卦爲坤，中爻亦坤，水浸土＝泥之象。

九四失位，剛居柔位。陷群陰之間，滯溺之象。

釋：**已無能爲力，不可自拔。**

六五：震往來厲，億無喪，有事。

爻：（位）中，（比）乘。

通：本爻變爲兌，重卦爲隨。〔剛來而下柔，動而說隨。〕

註：億無喪有事——沒有很大的損失，仍然有所作爲。

象：柔弱居君位，上下無助應，震動之時有危厲。然因有中德，故不致於凶。

釋：**震動變化劇烈，若能守住原則，雖有損失，仍能有作爲。**

上六：震索索，視矍矍，征凶。震不于其躬于其鄰，無咎，婚媾有言。

爻：（位）。

通：本爻變爲離，重卦爲噬嗑。〔頤中有物。〕

註：震索索，視矍矍——震得心慌意亂。

震不于其躬于其鄰，無咎——在沒有親身經歷震動之前，能夠自律則無咎。

婚媾有言——最親的人，尚有意見。

象：變離＝視。凡震遇坎，多言婚媾。

釋：到危難之時，人心慌亂，征凶。平常應多作準備，自我鍛練，無咎。

卦五二　艮☶〔艮艮〕〔山山〕

艮其背，不獲其身，行其庭，不見其人，無咎。

註：艮其背，不獲其身——如止於其背後，已無法接觸到其身體。

行其庭，不見其人——如經過其庭院，則行經之時背在人前，不見其人。

象：艮綜震。艮＝止、門庭。

釋：運動靜止，都是自然法則。

彖：艮，止也。時止則止，時行則行，動靜不失其時，其道光明。

釋：艮是停止之意，行止之間，必須合乎規律，始能發揚光大。

象：兼山，艮。君子以思不出其位。

註：兼山——內一山，外又一山。

釋：君子不應該超越自己的範疇。

初六：艮其趾，無咎，利永貞。

爻：無。

通：本爻變爲離，重卦爲震。[震驚百里，不喪匕鬯。]

象：艮綜震＝足，初爻爲趾。

釋：不輕舉冒進，無咎，利於永遠正直。

六二：艮其腓，不拯其隨，其心不快。

爻：（位）中正，（比）承。

通：本爻變爲巽，重卦爲蠱。[上情不下達，下情不能上通。]

象：足趾之上爲小腿之肚。二承三謂之隨。中爻坎＝憂，不快。

止之時，下卦六二居中不能止九三之健，有不能自主之象。

又九三健而動，既不能拯之，唯有隨之，心必不快。

釋：**諸事未能自主，勉強隨之，心有不甘。**

九三：艮其限，列其夤，厲熏心。

爻：（位），（比）據扶。

通：本爻變爲坤，重卦爲剝。〔柔變剛也。〕

註：艮其限，列其夤，厲熏心——將人圍腰綁住，脊骨皮肉斷裂，痛得心不安。

象：中爻坎＝心病，錯離＝火，煙，薰心之象。

限＝上卦下卦之界限，即人之腰。腰部活動受限，不復能動也。

釋：**進退受到限制，不當止而止，危懼痛苦。**

六四：艮其身，無咎。

爻：（位），（比）乘。

通：本爻變爲離，重卦爲旅。〔柔得中乎外而順乎剛，止而麗乎明。〕

象：艮＝止，止之又止。以陰居陰，自止其身，無所作爲之象。

釋：獨善其身，無咎。

六五：艮其輔，言有序，悔亡。

爻：(位)中，(比)承。

通：本爻變爲巽，重卦爲漸。[進以正，可以正邦也。]

象：輔＝多言之象(見咸卦)。

釋：少言，言必有序，無悔。

上九：敦艮，吉。

爻：(比)據。

通：本爻變爲坤，重卦爲謙。[謙尊而光，卑而不可踰，君子之終也。]

象：人之止，難於其終。今於艮之極，非敦篤堅毅者，不可能止也。

釋：堅定如山，吉。

卦五三　漸䷴　[巽艮]　[風山]

漸：女歸吉，利貞。

註：漸——漸進也。歸——婦人嫁曰歸。

象：漸綜歸妹。艮下巽上，木在山上，有漸漸生長之象。

釋：婦女得到歸宿，吉，利於守正。

彖：漸之進也，女歸吉也。進得位，往有功也，進以正，可以正邦也。

象：本卦與歸妹同體，歸妹出乎自然，本卦漸進亦合乎自然。

釋：自然而然，女大將嫁也。嫁後成家，成家立業，社會才能安定。

象：山上有木，漸。君子以居賢德善俗。

釋：君子應居賢善之德，影響社會風俗。

初六：鴻漸于干，小子厲，有言，無咎。

爻：無。

通：本爻變爲離，重卦爲家人。[女正位乎內，男正位乎外。]

註：鴻漸于干——鴻飛翔於水涯，無著地之處，不能安也。

象：中爻離＝飛鳥，坎＝水，鴻爲水鳥，居木（巽）之上。

艮＝少男，小子之象。內卦錯兌，外卦綜兌＝口舌，有言之象。

初六陰柔才弱，失位失應失比，小子難以自處之象。

釋：初出道，事事不順，在己有厲，在人有怨，無咎。

六二：鴻漸于磐，飲食衎衎，吉。

爻：（位）中正，（應），（比）承。

通：本爻變爲巽，重卦爲巽。［剛巽乎中正而志行，柔皆順乎剛。］

註：飲食衎衎——有吃有喝，非常快樂。

象：艮＝石。二得位，漸進也。中爻坎＝飲食，巽綜兌＝悅樂衎衎之象。

釋：穩健進取，生活安定，吉。

九三：鴻漸于陸，夫征不復，婦孕不育，凶，利禦寇。

爻：（位），（比）扶擄。

通：本爻變爲坤，重卦爲觀。［盥而不薦，有孚顒若。］

註：鴻漸于陸，夫征不復，婦孕不育——環境漸改善，遂貪圖逸樂，不務正業。

利禦寇——守正以避邪，以禦內心之寇。

象：爻變爲坤＝陸。九三＝夫，六四＝婦。夫爻向上＝征。

此爻毀坎之中，坎中滿＝孕。論不復、不育者，因互未濟卦也。

坎＝盜，離＝戈兵。

三居下卦之上，有進于陸之象。比扶四陰，有征而不復之象。

釋：環境漸改善，人心渙散，凶，利於自制。

六四：鴻漸于木，或得其桷，無咎。

爻：(位)，(比)乘承。

通：本爻變爲乾，重卦爲遯。[剛當位而應，與時行也。]

象：巽＝木，漸進之時，六四陰柔乘剛，處境不安之象。

鴻非棲於木之鳥，桷者橫平之枝，可供鴻暫棲之象。

釋：愼選合適之環境，無咎。

九五：鴻漸于陵，婦三歲不孕，終莫之勝，吉。

爻：(位)中正，(應)，(比)據。

通：本爻變爲艮，重卦爲艮。[艮其背不獲其身，行其庭不見其人。]

象：爻變爲艮＝山。離＝三。離中虛＝不孕。

君得尊位，與六二正應，然三比二，四比五，難免私相授受之象。

釋：環境理想，但阻礙也多，最後終能克服。吉。

上九：鴻漸于逵，其羽可用爲儀，吉。

爻：無。

通：本爻變爲坎，重卦爲蹇。［險在前也，見險而能止，知矣哉。］

註：逵——雲天之路。其羽可用爲儀——其表現可作表彰。

象：上九，在山之上＝雲天。

釋：能超越物表，心不染著，吉。

卦五四　歸妹䷵［震兌］［雷澤］

歸妹：征凶，無攸利。

象：歸妹綜漸。震＝長男。兌＝少女，妹也。震＝動，兌＝悅，以悅而動。

以悅而動，男悅女，女從男之義，女歸則得其正，故稱爲歸妹。

釋：男女以情相悅，隨合隨離，征凶，無攸利。

彖：歸妹，天地之大義也，天地不交而萬物不興，歸妹，人之終始也。

釋：男女關係本為生命循環之基礎，人之歸宿。

象：澤上有雷，歸妹。君子以永終知敝。

釋：君子應著眼未來，知所取捨。

初九：歸妹以娣，跛能履，征吉。

爻：(位)。

通：本爻變為坎，重卦為解。[險以動，動而免乎險。]

註：娣——古代習俗，陪嫁之妹也。

象：兌＝妾，娣之象。兌＝毀，震＝足、跛，不能行遠之象。

居下無應＝娣之象。初九為陽剛，在婦人為有賢貞之德，而處卑順之象。

釋：接受現實，忍氣吞聲，勉為其難，行事則吉。

九二：眇能視，利幽人之貞。

爻：(位)中，(應)，(比)扶。

通：本爻變為震，重卦為震。[可以守宗廟社稷，以為祭主也。]

象：中爻離＝目，兌＝毀、眇，不能視遠之象（幽人請見履卦）。

九二陽剛得中，上應六五，然所應陰柔不正，是賢女配劣夫之象。

釋：成就有限，利於自我犧牲之正。

六三：歸妹以須，反歸以娣。

爻：（比）乘承。

通：本爻變爲乾，重卦爲大壯。［大者壯也，剛以動，故壯。］

註：須——賤妾。

象：六三失位無應，陰柔而上下乘承，故象賤妾。

歸妹以須，反歸以娣——卑賤的女子，嫁人時最多只能作妾。

釋：失德失位，降格以求。

九四：歸妹愆期，遲歸有時。

爻：（比）扶據。

通：本爻變爲坤，重卦爲臨。［剛浸而長，說而順剛中而應。］

註：歸妹愆期，遲歸有時——嫁期已過，延遲到適當的時候。

象：不得其位，陽健，故能堅持。

四之地位高，而下無應，有嫁期已遲之象。

釋：**條件不符，寧可順延**。

六五：帝乙歸妹，其君之袂，不如其娣之袂良，月幾望，吉。

爻：（位）中，（應），（比）乘。

通：本爻變爲兌，重卦爲兌。[剛中而柔外。]

註：帝乙歸妹，其君之袂，不如其娣之袂良——帝乙（商紂之父，賢君）將其妹下嫁賢臣，所穿著之衣服非常平實。

月幾望——日月相對之時，月光未盈滿，但柔在其中，有謙遜之德也。

象：兌＝少女，妹。乾＝衣袂。爻五變爲兌＝不如爻三（妾）之袂良。

震＝東方，兌＝西方，坎＝月，離＝日，月之中爻剛健有德，月幾望之象。

六五下應於九二，下嫁之象。六五以順爲德，是尚德不尚飾之象。

釋：**外表並不重要，要有實質的內涵，吉**。

上六：女承筐無實，士刲羊無血，無攸利。

爻：（位）。

通：本爻變為離，重卦為睽。〔二女同居，其志不同行。〕

註：女承筐无實，士刲羊无血——祭祀時，女筐中空無一物，男所殺的羊無血。

象：兌＝女，震＝士。震＝竹，竹筐。中爻坎＝血。兌＝羊。震綜艮＝手，承。

離＝戈兵，刲之象。羊在下，血在上，無血之象。

上六陰柔，無應無比，有嫁後得不到應有地位之象。

釋：有其名而無其實，無利可圖。

卦五五　豐☳☲〔震離〕〔雷火〕

豐：亨，王假之，勿憂，宜日中。

註：王假之——假王之手，即君王領導有方。

宜日中——日落西山則不宜。

象：豐綜旅。離＝日。錯坎＝憂。

釋：亨，君王領導有方，勿憂，宜把握良機。

彖：豐，大也，明以動，故豐。

釋：離下震上，下明上動，雷電交加，聲勢盛大。

象：雷電皆至，豐。君子以折獄致刑。

釋：君子應明辨是非，治獄定刑。

初九：遇其配主，雖旬無咎，往有尙。

爻：（位），（比）扶。

通：本爻變爲艮，重卦爲小過。〔飛鳥遺之音，不宜上，宜下。〕

註：配主——本爻所對應者，即九四爻。旬——均也，同爲陽爻之意。

往有尙——去有利。

象：初九上應九四，皆爲陽爻＝遇其配主之象。

初九爲離明之初，九四爲震動之初，勢均力敵＝雖旬無咎。

釋：遇到對手，勢均力敵，無咎，發展有利。

六二：豐其蔀，日中見斗，往得疑疾，有孚發若，吉。

爻：（位）中正，（比）乘承。

通：本爻變爲乾，重卦爲大壯。[大者壯也，剛以動，故壯。]

註：豐其蔀，日中見斗——草長得太茂盛，視線被遮，太陽只是斗大的一團。

往得疑疾，有孚發若——去必遭疑，唯有以誠信感之。

象：巽——草，蔀草之象。應爻震＝斗之象。離日中虛＝有孚。

釋：遇人不明，易遭疑忌，以誠待人，吉。

九三：豐其沛，日中見沫，折其右肱，無咎。

爻：（位），（應），（比）據。

通：本爻變爲震，重卦爲震。[震驚百里，不喪匕鬯。]

註：豐其沛，日中見沫——雨勢雖大，只見水珠。

象：中爻兌＝澤，水豐盛之象。中爻變坎＝沫之象。

兌錯艮＝手肱，陽爻爲右。兌＝毀折，折肱之象。

九三應上六，合作對象柔弱無能＝失去右肱之象。

釋：遇人無能，小有損失，無咎。

九四：豐其蔀，日中見斗，遇其夷主，吉。

爻：(比)扶。

通：本爻變爲坤，重卦爲明夷。[內文明而外柔順，以蒙大難。]

註：夷主——夷者等也，初九配主所對應者，即本爻。

象：巽木之上爻＝蔀草。

九四陽剛，輔六五柔弱不明之主，幸與初九同德，有共佐君王之象。

釋：主上不明，下賢互助，吉。

六五：來章，有慶譽，吉。

爻：(位)中，(比)乘。

通：本爻變爲兌，重卦爲革。[二女同居，其志不相得。]

象：六二離明＝章，由下而來，來章之象。爻變兌＝口，譽之象。

釋：羅致人才，名利雙得，吉。

上六：豐其屋，蔀其家，闚其戶，闃其无人，三歲不覿，凶。

爻：(位)，(應)。

通：本爻變爲離，重卦爲離。[重明以乎正，乃化成天下。]

註：豐其屋，蔀其家，闚其戶，闃其无人，三歲不覿——田產豐饒，却家業中落。

象：震錯巽＝蔀草。上爻＝大屋，家中長草之象。離＝目，窺（闚）之象。

釋：盛久必衰，凶。

卦五六　旅☲☶［離艮］［火山］

旅：小亨，旅貞吉。

象：旅綜豐。山內火外，內爲主、不動＝館舍，外爲客、主動＝行人。

釋：小事亨通，正則吉。

彖：旅，小亨，柔得中乎外而順乎剛。

釋：旅途不定，能守順之道，則有小亨。

象：山上有火，旅。君子以明愼用刑而不留獄。

釋：君子用刑應愼重，勿枉勿縱。

初六：旅瑣瑣，斯其所取災。

爻：（應）。

通：本爻變爲離，重卦爲離。〔重明以乎正，乃化成天下。〕

註：旅瑣瑣，其所取災——旅途中太重視瑣碎細節，因而自取其咎。

象：陰爻居下，不得位，猥細瑣碎之象。

釋：斤斤計較，自取其咎。

六二：旅即次，懷其資，得童僕貞。

爻：（位）中正，（比）承。

通：本爻變爲巽，重卦爲鼎。〔聖人亨以享上帝，而大亨以養聖賢。〕

註：旅次——旅行中借宿旅舍。

象：艮＝門，次爻在門中，住宿、即次之象。巽＝利市，懷資之象。

艮＝少男，綜震爲長男，皆童僕之象。陰爻中虛＝有孚貞信之象。

六二中正，有柔順之德，故有此象。不云吉者，旅途得免於災足矣。

釋：資金齊備，用人可靠。

九三：旅焚其次，喪其童僕，貞厲。

爻：（位），（比）據。

通：本爻變爲坤，重卦爲晉。[明出地上，順而麗乎大明，柔進而上行。]

象：近離〓焚之象。三變爲坤，非艮男，喪童僕之象。

九三剛健得位，居內卦之上，外卦九四亦剛，互不相容之象。

釋：事敗，人心喪失，雖正亦厲。

九四：旅于處，得其資斧，我心不快。

爻：（應），（比）扶。

通：本爻變爲艮，重卦爲艮。[艮其背不獲其身，行其庭不見其人。]

註：旅于處，得其資斧——到了一個地方，得到資金用具。

象：離〓戈兵，斧之象。中爻上兌金，下巽木，亦斧象。

離錯坎〓不快。又九四不得其位，亦有不快之象。

釋：雖有所得，然環境不適，心中不快。

六五：射雉，一矢亡，終以譽命。

爻：（位）中，（比）乘承。

通：本爻變爲乾，重卦爲遯。[剛當位而應，與時行也。]

象：離＝雉，錯坎＝矢，變乾＝一。離變乾後，雉與矢皆無＝一矢亡。

兌＝悅，譽之象。六五有文明柔順之德，能順四應二，上下相與之象。

釋：承上容下，德至名歸。

上九：鳥焚其巢，旅人先笑後號咷，喪牛于易，凶。

爻：（比）據。

通：本爻變爲震，重卦爲小過。〔飛鳥遺之音，不宜上，宜下。〕

象：離＝鳥、火。巽＝風、木，故有焚巢之象。

上九未變，中爻兌＝笑。及至上九變震成小過＝災，有旅人先笑後號咷之象。

離＝牛，變震＝大塗，易（埸）之象。當離變爲震，牛即喪矣。

釋：樂極生悲，驕者必敗。凶。

卦五七 巽䷸〔巽巽〕〔風風〕

巽：小亨，利有攸往，利見大人。

象：巽綜兌。巽，入也，命令也。

二陰伏於四陽之下，能巽順乎陽。象風，無孔不入也。

釋：巽，小事亨通，利於爲人處事，利見大德之人。

彖：重巽以申命。

釋：兩個巽卦相合，強調巽之命令與順從也。

象：隨風，巽。君子以申命行事。

釋：君子奉命行事。

初六：進退，利武人之貞。

爻：（比）承。

通：本爻變爲乾，重卦爲小畜。［柔得位，健而巽，剛中而志行。］

象：巽＝進退，不決之象。變乾＝武人。陰居陽位＝變乾則正。

釋：猶豫不決，利於堅強正直。

九二：巽在床下，用史巫紛若，吉，無咎。

爻：（位）中，（比）據。

通：本爻變爲艮，重卦爲漸。［進以正，可以正邦也。］

註：史巫——通誠意於神明之人。紛若——經常。

象：一陰在下，二陽在上，床之象。中爻兌＝巫、口舌、毀、紛若之象。

釋：過於順從，要出之以誠意，吉，無咎。

九三：頻巽，吝。

爻：（位），（比）扶。

通：本爻變爲坎，重卦爲渙。［剛來而不窮，柔得位乎外，而上同。］

象：一巽既盡，一巽又來，變動太多，頻巽之象。

釋：變動頻繁，吝。

六四：悔亡，田獲三品。

爻：（位），（比）乘承。

通：本爻變爲乾，重卦爲姤。［遇也，柔遇剛也。］

象：中爻離＝戈兵，巽錯震＝田獵。離＝三品之象（初巽雞，二兌羊，三離雉）。

六四陰柔乘承無應，宜有悔，然以陰居陰，得巽之正，故悔亡且有田獲。

釋：悔亡，勞苦功高，獲利非凡。

九五：貞吉，悔亡無不利。無初有終，先庚三日，後庚三日，吉。

爻：(位)中正，(比)據。

通：本爻變爲艮，重卦爲蠱。[上情不下達，下情不能上通。]

象：九五剛健，居巽之中，故有悔，因正而吉，故悔亡，無不利。有悔，故無初，悔亡則有終。

釋：正吉，即使最初考慮不週，過程中更改也無不利。吉。

上九：巽在床下，喪其資斧，貞凶。

爻：無。

通：本爻變爲坎，重卦爲井。[井養而不窮也。]

象：巽木綜兌金，又中爻兌金＝斧之象。巽＝資金。此爻變爲坎＝毀，失也。巽在床下見九二爻。

釋：卑順至極，致喪失一切，正亦凶。

卦五八　兌☱［兌兌］［澤澤］

兌：亨，利貞。

象：兌綜巽。兌＝澤，取坎水，堵塞其下流，聚之爲澤。

釋：剛中而柔外，剛中爲亨，柔外則利正。

彖：兌，說也。

象：兌＝喜悅。一陰進乎二陽之上，喜之見於外也。

釋：愉悅也。

象：麗澤，兌。君子以朋友講習。

釋：君子應與同儕溝通，集思廣益。

初九：和兌，吉。

爻：（位）。

通：本爻變爲坎，重卦爲困。［柔掩剛也。］

象：陽健剛，居兌下而無應，是能卑下且和順者，故吉。

釋：和悅，吉。

九二：孚兌，吉，悔亡。

爻：（位）中，（比）扶。

通：本爻變爲震，重卦爲隨。[剛來而下柔，動而說隨。]

象：居陰爲悔，然剛中爲孚。以孚而悅，則悔亡。

釋：有信用且悅，吉，悔亡。

六三，來兌，凶。

爻：（比）乘承。

通：本爻變爲乾，重卦爲夬。[剛決柔也，健而說，決而和。]

象：陰柔不中，乘剛以自悅，凶之道。

釋：諂媚求寵，凶。

九四：商兌未寧，介疾有喜。

爻：（比）據。

通：本爻變爲坎，重卦爲節。[剛柔分而剛得中。]

註：介疾——自介於邪疾，與邪疾劃清界線。

象：中爻巽≡商議不果。

九四與六三，正介於上下卦之間，六三小人為邪疾，故有介疾之象。

釋：商量難以解決，守於正，遠於邪才是。

九五：孚于剝，有厲。

爻：（位）中正，（比）扶。

通：本爻變為震，重卦為歸妹。〔人之終始也。〕

註：剝——陽消陰長之謂。

象：上六之陰，可引誘且毀滅陽，九五如悅於上六小人，則危矣。

釋：聽信小人，危厲。

上六：引兌。

爻：（位），（比）乘。

通：本爻變為乾，重卦為履。〔柔履剛也。〕

象：中爻離錯坎≡弓。上六居陰之極，下引二兌卦，悅之又悅。

釋：悅之不知其極。

卦五九　渙☴☵〔巽坎〕〔風水〕

渙：亨，王假有廟，利涉大川，利貞。

象：渙綜節。渙，離散也，坎下巽上，風行水上，有披離解散之象。中爻艮＝門闕，坎＝宮廟。木在水上，利涉大川之象。

釋：亨。王以宗廟凝聚天下人心，可圖大事，利於正。

彖：渙，亨。剛來而不窮，柔得位乎外而上同。

象：九居二＝剛來，六居四＝柔得位乎外，上兩爻爲剛＝上同。

釋：渙之亨，在離散時，上下皆能剛守其中，且柔得高位，同心協力。

象：風行水上，渙。先王以享于帝立廟。

釋：國家渙散之時，先王以宗廟凝聚天下人心。

初六：用拯，馬壯，吉。

爻：（比）承。

通：本爻變爲兌，重卦爲中孚。〔柔在內而剛得中。〕

象：坎＝壯馬。渙之始亟待救，九二陽剛得中，是馬壯之象，尚可拯也。

釋：亂象未顯，尚能及時拯救，吉。

九二：渙，奔其机，悔亡。

爻：（位）中，（比）扶據。

通：本爻變爲坤，重卦爲觀。〔盥而不薦，有孚顒若。〕

象：中爻震＝足，奔之象；＝木，机之象。位不正本當悔，渙時能剛故悔亡。

二與初皆無正應，九二上就九五，僅得無咎之象。

釋：渙之初，尚有後援，悔亡。

六三：渙其躬，無悔。

爻：（應），（比）乘。

通：本爻變爲巽，重卦爲巽。〔剛巽乎中正而志行，柔皆順乎剛。〕

象：居坎險之上，有上九爲應，以其身求助也。

釋：渙之再，志在外，奮不顧身，無悔。

六四：渙其群，元吉，渙其丘，匪夷所思。

爻：（位），（比）承。

通：本爻變爲乾，重卦爲訟。[上剛下險，險而健。]

註：渙其群——使其群體渙散瓦解。

渙其丘，匪夷所思——使山丘崩解，非普通人能力所能及。

象：外卦爲社會，當渙之時，必分崩瓦解，各自爲群。艮＝土，丘。

六四上承九五，賢臣明君，皆無正應，有化私爲公之象。

釋：渙之重，化私爲公，大吉。化腐朽爲神奇，則非常人所能。

九五：渙汗其大號，渙王居，無咎。

爻：（位）中正，（比）據。

通：本爻變爲艮，重卦爲蒙。[山下有險，險而止。]

註：渙汗其大號，渙王居——發汗以發散病情，施德政以濟天下之民。

象：坎＝汗。巽綜兌＝號。本爻變坤＝國土，坎錯離＝日、王，王居之象。

君臣合德，意拯天下之渙，爲君者廣施德政之象。

釋：渙至深，號令能通達，無咎。

上九：渙其血，去逖出，無咎。

爻：（應）。

通：本爻變爲坎，重卦爲坎。［水流而不盈，行而不失其信。］

註：渙其血，去逖出——流血犧牲，遠離是非。

象：坎＝血，隱伏，遠去之象。

釋：渙至極，流血犧牲，遠離是非，無咎。

卦六十　節☵☱［坎兌］［水澤］

節：亨，苦節不可貞。

象：節綜渙。節者，有限而止也。下兌上坎，澤中有水，水受限於澤。

釋：亨通，但固守節制則不正矣。

彖：節亨，剛柔分而剛得中。

象：上下各有剛柔，且剛得中。

釋：陰陽調和，故亨通。

象：澤上有水，節，君子以制數度，議德行。

象：坎＝矯輮，制之象。兌＝口舌，議之象。

釋：君子應訂定制度，考量人民的德行。

初九：不出戶庭，無咎。

爻：（位），（應）。

通：本爻變為坎，重卦為坎。［水流而不盈，行而不失其信。］

象：中爻艮＝門，門在外，戶在內，故初稱戶，九二稱門。

外卦坎＝險，出有險，陽本健動，然與九二不比，故不出。

釋：自我節制，無咎。

九二：不出門庭，凶。

爻：（位）中，（比）扶。

通：本爻變為震，重卦為屯。［剛柔始交而難生，動乎險中大亨貞。］

象：前為六三，可出，但陽德不正，又無應與，有不出之象。

釋：坐失良機，凶。

六三：不節若，則嗟若，無咎。

爻：（比）乘。

通：本爻變爲乾，重卦爲需。［險在前也，剛健而不陷。］

象：兌＝口舌，坎＝憂，有嗟若之象。

六三陰柔不正，乘剛而臨險，無力自律之象。

釋：不能節制，煩惱痛苦，無咎。

六四：安節，亨。

爻：（位），（應），（比）承。

通：本爻變爲兌，重卦爲兌。［說也，剛中而柔外。］

象：得位應比，且上順九五，故安。

釋：安於節制，亨通。

九五：甘節，吉，往有尙。

爻：（位）中正，（比）扶據。

通：本爻變爲坤，重卦爲師。〔剛中而應，行險而順。〕

象：坎變坤＝味甘。

釋：甘於節制，吉，可垂範後世。

上六：苦節，貞凶，悔亡。

爻：（位），（比）乘。

通：本爻變爲巽，重卦爲中孚。〔柔在內而剛得中。〕

象：坎錯離＝炎上，苦之象。

釋：節之過苦，雖正亦凶，悔亡。

卦六一　中孚☴☱〔巽兌〕〔風澤〕

中孚：豚魚吉，利涉大川，利貞。

象：中孚綜小過。

豚＝有信之魚，生於大澤，有風則出。乃風在澤上，豚魚出而有信也。

釋：有信者吉，利於任事，利於正。

彖：中孚，柔在內而剛得中，說而巽，孚乃化邦也。

釋：孚者信也。二陰在內，四陽在外，卦中虛，上下卦中實，其中有信之象。

上巽下兌，即上順下悅，是有信之象。

象：澤上有風，中孚。君子以議獄緩死。

象：兌＝口舌，議之象。巽＝不果，緩之象。

釋：君子應輕刑宥罪。

初九：虞吉，有他不燕。

爻：(位)，(應)。

通：本爻變爲坎，重卦爲渙。〔剛來而不窮，柔得位乎外而上同。〕

註：虞——安，樂也。有他——有別的。不燕——不喜。

象：六三不正，六四正位，初九相信六四則安樂，若信六三則不喜。

釋：誠信吉，心不定則不安。

九二：鶴鳴在陰，其子和之，我有好爵，吾與爾靡之。

爻：(位)中，(比)扶。

通：本爻變爲震，重卦爲益。［損上益下，其道大光。］

註：我有好爵，吾與爾靡之——我有好酒，與你共享之。

象：大象離＝雉，飛鳥，鶴爲候鳥，逢秋必至，故謂之鶴（信也）。

兌＝口舌，鳴之象。九二居陰＝在陰之象。

巽＝長女，錯艮＝少男，母子之象。

陽德居中＝有好爵（酒杯、美德）之象。

釋：相互信任，有福同享。

六三：得敵，或鼓，或罷，或泣，或歌。

爻：（應），（比）乘。

通：本爻變爲乾，重卦爲小畜。［柔得位，健而巽，剛中而志行。］

註：得敵——棋逢對手，將遇良才之意。

象：上九不中不正，與六三應，有得敵之象。

巽＝不果，中爻震＝鼓，艮＝止，罷之象。

大象離錯坎＝憂，兌＝口舌，或泣或歌之象。

釋：目標已定，七情六欲因之而生。

六四：月幾望，馬匹亡，無咎。

爻：（位），（應），（比）承。

通：本爻變爲乾，重卦爲履。［柔履剛也。］

象：下卦爲兌，中爻震，震東兌西，日月相對而望，月勢盛之象。

震＝馬，爻變中爻成離＝馬匹亡之象。

待君之側，深得上心，盛之極也。臣下唯有絕私黨，邀上寵，始無咎也。

釋：當孚之盛時，避免營私，無咎。

九五：有孚攣如，無咎。

爻：（位）中正，（比）據。

通：本爻變爲艮，重卦爲損。［損下益上，其道上行。］

註：攣如——相連在一起。

象：九二九五，皆剛得中，相互照應，爲君者本不應有私，但因中正故無咎。

釋：有孚信相維繫，無咎。

上九：翰音登于天，貞凶。

爻：（應）。

通：本爻變為坎，重卦為節。〔剛柔分而剛得中。〕

註：翰音——雞鳴之聲。

象：巽＝雞，雞鳴於天之將明，亦有信者。

巽＝高，登天之象，不下孚於三而登天，有反其道之象。

釋：守孚至極而不通變，雖正亦凶。

卦六二　小過☳☶〔震艮〕〔雷山〕

小過：亨，利貞，可小事，不可大事，飛鳥遺之音，不宜上，宜下，大吉。

象：小過綜中孚。離＝雉，錯大象坎，見坎不見離，為雉已飛過之象。

二陽象鳥之身，上下四爻象翼。中爻兌＝口舌，象遺音。

鳥之遺音唯低處之人始得聞，故宜下，不宜上。

釋：亨通，利於正，小事可成，大事不成。遺音不遠，不宜爭，宜順，大吉。

彖：小過，小者過而亨也。

象：四陰包於外，二陽陷在其中，小有過錯。

釋：小過，過失不大，事過而自知，亨。

象：山上有雷，小過。君子以行過乎恭，喪過乎哀，用過乎儉。

釋：君子的行爲過於恭敬，居喪過於哀慟，生活過於節儉，是稱小過。

初六：飛鳥以凶。

爻：(應)。

通：本爻變爲離，重卦爲豐。[大也，明以動。]

象：大象坎，變離=雉，飛鳥之象。

小過之初，宜下不宜上，初六小人，上應九四，有上飛之象。

釋：小過之時，躁進有凶。

六二：過其祖，遇其妣，不及其君，遇其臣，無咎。

爻：(位)中正，(比)承。

通：本爻變爲巽，重卦爲恒。[雷風相與，巽而動，剛柔皆應。]

象：陽在上＝父，四在三之上＝祖。六二上應六五＝過其祖，遇其妣之象。

六五爲君，然二爲陰爻，六二遇九四，遂爲所引，乃不及其君之象。

釋：過猶不及，有一得必有一失，守其中道，無咎。

九三：弗過防之，從或戕之，凶。

爻：（位），（應），（比）據。

通：本爻變爲坤，重卦爲豫。〔剛應而志行，順以動豫，豫順以動。〕

註：弗過防之，從或戕之——非自己之過，應防他人，若不謹防則將遭害。

象：陽陷陰中，應防陰之害，蓋正邪不兩立也。

九三得位，自恃有理，凶。順從上六，凶。

釋：對手勢盛，自己力有未及，應保持距離，嚴加防範，否則有凶。

九四：無咎。弗過遇之，往厲必戒，勿用永貞。

爻：（應），（比）扶。

註：弗過遇之——不以之爲過錯，應隨遇而安。

往厲必戒，勿用永貞——若往則有危，必當戒懼，不可永遠固守一個原則。

通：本爻變爲坤，重卦爲謙。[謙尊而光，卑而不可踰，君子之終也。]

象：九四以剛居柔，應有咎，然小過即爲小有過錯也，故無咎。

九四往遇六五，陽從陰有厲。

釋：無咎，宜靈通應變，勿固守其常。

六五：密雲不雨，自我西郊，公弋取彼在穴。

爻：（位）中，（比）乘。

通：本爻變爲兌，重卦爲咸。[二氣感應以相與，止而說。]

註：公弋取彼在穴——公用箭繫繩，射穴中之鳥。

象：大象坎＝雲，中爻兌＝雨，又＝西郊之象。

坎＝弓矢。巽＝繩，弋之象。坎＝隱伏，在穴之象。

六五非陽，故不稱君而稱公。

釋：費盡心機，事不能成。

上六：弗過遇之，飛鳥離之，凶，是謂災眚。

爻：（位），（應）。

通：本爻變爲離，重卦爲旅。〔柔得中乎外而順乎剛，止而麗乎明。〕

象：九四曰弗過遇之，是指九四之陽得柔位，本爻則意爲陰居極處也。

至上六，飛鳥已離，遺音不得而聞，是災之所由也。

釋：居過之極，違理逾常，凶，有災害。

卦六三 既濟☵☲〔坎離〕〔水火〕

既濟：亨小，利貞，初吉終亂。

象：既濟綜錯未濟。事之已成＝既濟。水火相交，各得其用，六爻皆得其位。

釋：小亨，利於正，初始吉，最終則亂。

彖：既濟亨，小者亨也。

釋：既濟之亨，小事亨通也。

象：水在火上，既濟。君子以思患而豫防之。

釋：君子應居安思患，事先預防。

初九：曳其輪，濡其尾，無咎。

爻：（位），（應），（比）扶。

通：本爻變爲艮，重卦爲蹇。［險在前也，見險而能止，知矣哉。］

註：曳其輪，濡其尾——輪若曳之則難行。獸之涉水，必揚其尾，濡尾則不濟。

象：坎＝險、輪、狐、曳輪。初爻有尾之象。又在水之下，有濡之象。

釋：既濟之初，尚能謹戒守成，故無咎。

六二：婦喪其茀，勿逐，七日得。

爻：（位）中正，（應），（比）乘承。

通：本爻變爲乾，重卦爲需。［險在前也，剛健而不陷。］

註：茀——車、船防風之篷。

象：離＝中女，婦也。坎＝輿，離中虛＝茀之象。坎＝盜，喪茀之象。

二上應中正之君，乃五之婦也，但乘承皆剛，與五不相得，有喪茀之象。

然上、下中正，豈有永不相合之理，遂有勿逐，七日得之象。

釋：事已發生，勿究，異日可得。

九三：高宗伐鬼方，三年克之，小人勿用。

爻：(位)，(應)，(比)扶據。

通：本爻變爲震，重卦爲屯。[剛柔始交而難生，動乎險中大亨貞。]

註：高宗——殷王武丁。伐鬼方，三年克之——武丁討伐鬼方國，費時三年。

象：離＝戈兵，三，變爻爲震＝三年克之。坎＝北，變坤＝國，象北方之鬼方國。

九三剛居剛位，既濟之時，天下無事，興兵伐夷國，勞民傷財也。

釋：不可輕舉妄動，不可任用小人。

六四：繻有衣袽，終日戒。

爻：(位)，(應)，(比)乘承。

通：本爻變爲兌，重卦爲革。[二女同居，其志不相得。]

註：繻有衣袽——當船漏水時，用破布塞之。

象：變乾錯坤＝衣，布。兌＝毀損，破布之象。

坎＝水險。四近君，既濟時防患爲先，故有此象。

釋：小心謹慎，終日戒懼。

九五：東鄰殺牛，不如西鄰之禴祭，實受其福。

爻：(位)中正，(應)，(比)扶據。

通：本爻變爲坤，重卦爲明夷。［內文明而外柔順，以蒙大難。］

象：五變坤＝牛，離＝戈兵，坎＝血，有殺牛之象。

離＝夏，禴祭之象，坎＝隱伏，鬼之象。

五中實，孚也。二虛中，誠也，皆取祭祀爲義。

釋：既濟之深，與其奢侈，不如菲薄反而有福。

上六：濡其首，厲。

爻：(位)，(應)，(比)乘。

通：本爻變爲巽，重卦爲家人。［女正位乎內，男正位乎外。］

象：初爻稱尾，上爻爲首，居坎之上，首溺於水中之象。

釋：既濟之終，不知其機，危厲。

卦六四　未濟䷿［離坎］［火水］

未濟：亨，小狐汔濟，濡其尾，無攸利。

象：未濟綜錯既濟。事未成時，水火未交，不相爲用。六爻失位，故曰未濟。

坎＝狐，居下卦，故曰小。

釋：亨，事未成，半途而廢，無利。

彖：未濟亨，柔得中也。

象：六五柔得中，未濟之時，柔弱不能誤事之象。

釋：未濟之亨，是因柔弱無爲也。

象：火在水上，未濟。君子以愼辨物居方。

釋：君子應小心分辨事物，以使各居其所。

初六：濡其尾，吝。

爻：(應)，(比)承。

通：本爻變爲兌，重卦爲睽。[二女同居，其志不同行。]

象：坎＝水、狐，初爻爲尾。

六陰柔居下，處險而應四，然四非中正之才，有不能濟之象。

釋：不自量力，有吝。

九二：曳其輪，貞吉。

爻：（位）中，（應），（比）扶擄。

通：本爻變爲坤，重卦爲晉。［順而麗乎大明，柔進而上行。］

象：坎＝曳，曳輪，不冒然而進之象。

九二陽剛，未濟之時，居柔得中，能自止而不輕於進之象。

釋：不躁進，正則吉。

六三：未濟，征凶，利涉大川。

爻：（應），（比）乘承。

通：本爻變爲巽，重卦爲鼎。［聖人亨以享上帝，而大亨以養聖賢。］

象：方出坎險，未濟之象。坎變巽木，木在水上，有行大川之象。

六三陰柔不中，居險却不能濟險，幸上承九四陽剛，能涉大川之象。

釋：未濟之時，行事有凶，利於涉大川。

九四：貞吉，悔亡。震用伐鬼方，三年有賞于大國。

爻：（應），（比）扶擄。

通：本爻變爲艮，重卦爲蒙。［山下有險，險而止。］
註：伐鬼方，三年有賞于大國——武丁討伐鬼方國，三年後成功而行大國之賞。
象：四多懼，離＝戈兵，有伐國之象。坎＝北方，象鬼方國。
九四居大臣位，上有中虛之明主，未濟過中，有可濟之象。
釋：**正則吉，無悔。如欲大成，必先小忍。**
六五：貞吉，無悔，君子之光，有孚，吉。
爻：（位）中，（應），（比）乘承。
通：本爻變爲乾，重卦爲訟。［上剛下險，險而健。］
象：六五居中，以信服人，象君子之光。
釋：**正則吉，無悔，以誠信待人，吉。**
上九：有孚于飲酒，無咎。濡其首，有孚失是。
爻：（應），（比）據。
通：本爻變爲震，重卦爲解。［險以動，動而免乎險。］
註：有孚于飲酒，無咎——有信，共進酒食，無咎。

濡其首，有孚失是——不能節制，則於其信有失也。

象：坎＝酒。上九＝首。

陽剛在上，剛之極也，又居明之上，明之極也。剛而明，是能決者。

居未濟之極，無可濟之理，有樂天順命之象。

然上九與六三相應，若與之交往，與三同濡其首，則其孚失矣。

釋：**未濟之極，樂天知命，無咎。若無節制，則無孚信，失其宜也。**

附錄

附一：倉頡易數

因謝振孟君於教授倉頡輸入法之際，常兼講述易理，故藉此再版之機會，特於本書之末介紹「倉頡易數」，以爲教材。

「倉頡易數」源自邵康節夫子之「梅花易數」，不論先天後天，皆可以倉頡字母取數，即化概念爲數，以數得象，以象熟知易之簡便法門。此法之優點爲易學易用，視各人的功力，其占中率可達百分之六十至九十。熟練後，再學梅花易或六爻，皆極容易登堂入室。

一、倉頡碼得卦法：

1.占者可先默念，並於默念之文字串中，任意取兩碼，依下表得到上下兩卦。

倉頡碼得卦表

倉頡碼	得卦數
日戈手	乾1
月十口	兌2
金大尸	離3
木中廿	震4
水一山	巽5
火弓女	坎6
土人田重	艮7
竹心卜	坤8

2.首碼所得之卦視爲上卦，次碼爲下卦，上下重卦則爲「本卦」。兩碼之和再加時間數（若是下午須再加十二），除以六後，其餘數即爲變爻（若餘數爲零，則變爻爲六）。若變爻爲一至三，則以上卦爲「體」，下卦爲「用」。變爻爲四至六，則以下卦爲「體」，上卦爲「用」。

3.再以上卦及下卦查〈附錄三〉《易經明道錄》之索引，翻到該頁，以「變爻數」查該爻之內容，可供判斷時參考。

4.再利用「本卦」之上卦及下卦，查下面的「互卦表」，所得之「互卦」，即爲本事件之過程象徵。

互卦表

互 上卦 下封	乾1，巽5	兌2，坎6	離3，艮7	震4，坤8
乾1，兌2	重乾＝乾	巽離＝家人	乾巽＝姤	巽艮＝漸
離3，震4	兌乾＝夬	坎離＝既濟	兌巽＝大過	坎艮＝蹇
巽5，坎6	離兌＝睽	艮震＝頤	離坎＝未濟	艮坤＝剝
艮7，坤8	震兌＝歸妹	坤震＝復	震坎＝解	重坤＝坤

茲以一已印證之實例說明：（讀者千萬注意，除學習外，無事不宜占。）六月（陰曆）某日上午十一時四十分左右，在院中散步，聞得屋中一陣菜香，心中一動。

二、判斷法：

1.以倉頡碼取卦：

以「屋中一陣菜香」取卦，首先以第一字「屋」之首碼「尸」查前列之「倉頡卦碼表」，得「離3」。再以最後一字「香」之首碼「竹」查表，得「坤8」（取那兩碼不須硬性規定，但應避免習慣性重覆）。是上離下坤，重卦為「晉」。

2.取時間數，以求動爻：

接著再取時間，上午十一時四十分應作十二時計，(3＋8＋12)／6，餘數為五，表示第五爻為動爻。

3.查互卦：

以本卦查「互卦表」，得互卦為「坎艮」即「水山蹇」卦。再以「坎艮」查〈附錄三〉索引，在本書中188頁，蹇卦之釋有三，記下來以作參考。

4.查本卦：

再以本卦查〈附錄三〉，得知「離坤」在本書第173頁。而第五爻「六五」在176頁，其「釋」爲：『得失不計於心，往吉，無所不利』，其「通」則是：『本爻變爲乾，重卦爲否。大往小來，則是天地不交而萬物不通也』，意即變卦爲「否」。從卦辭中可看出，由本卦到變卦，初雖吉，最後將有不利之事發生。

5.查吉凶：

再以本卦、互卦及變卦，查後面的「吉凶表」，六月，體坤用離，爲「生—大吉」。互卦爲過程，可以不分體用，吉凶並不重要。變卦「否」，體仍爲坤，用爲乾，得「泄—小害」，即體生用，表示本人耗費元氣過多。

6.查象數表，分析吉凶原因：

自是已知最初之本卦爲「生—大吉」，最後之變卦「泄—小害」。現在要找出其原因爲何，這是需要一點想像力的。

首先必須決定主題，以便於查〈附錄二〉的「梅花易象數表」。這種找主題的聯想力，被稱爲「奇門外應」，其正確與否，是判斷的成敗關鍵。初學者沒有經驗，較難掌握，應多作試驗，反覆印證。

本例乃占者聞菜香而起卦，其體爲坤，坤象「腹」，便以「食物」爲主題去查「象」。以本卦、互卦、變卦之各卦，查〈附錄二〉，所得如下：

本卦：坤＝腹，離＝肉，離形中空，有包子之形——象徵有好吃的食物。

互卦：坎＝危險、痛苦。剋者爲艮＝止——象徵吃至痛苦發生。

變卦：乾＝屎。坤生乾——象徵拉肚子，是體有所泄也。

我之判斷爲：「今日午飯有包子或包肉之點心（後來證明是餛飩），吃後衆人將會瀉肚子」。因蹇卦有辭：『見險而知止，是明理之人』，顯然並非全體拉肚子。在場共有五人，其中有三人未吃，另外兩人因「見險不知止」，最後果然以拉肚子收場。

吉凶表：月份須以陰曆爲準。上爲體，右爲用。　助＝比和。剋＝剋他。災＝受剋。生＝生我，泄＝生他。＊＝旺，＃＝相。

體／用	坤、艮	＃離	坎	＊震、巽	乾、兌
乾、兌	泄　小害	剋　吉	生　小吉	災　小害	助　小吉

1、2月適用

	震、巽	坎	離	坤、艮
	剋 小凶	泄 小害	災 大凶	生 小吉
	助 大吉	生 大吉	泄 小害	剋 大吉
	泄 小害	助 小吉	剋 小凶	災 小凶
	生 大吉	災 小凶	助 吉	泄 小害
	災 大凶	剋 小吉	生 大吉	助 小吉

4、5月適用

體／用	乾、兌	震、巽	坎	離	坤、艮
乾、兌	助 小吉	剋 小吉	泄 小害	災 大凶	生 吉
震、巽	災 小凶	助 小吉	生 小吉	泄 小害	剋 小凶
坎	生 小吉	泄 小害	助 小吉	剋 小凶	災 大凶
*離	剋 大吉	生 大吉	災 小害	助 大吉	泄 小害
♯坤、艮	泄 小害	災 小凶	剋 吉	生 大吉	助 吉

體／用	乾、兌	震、巽
*乾、兌	助 大吉	剋 大吉
震、巽	災 小凶	助 小吉
♯坎	生 大吉	泄 小害
離	剋 小凶	生 小吉
坤、艮	泄 小害	災 小凶

7、8月適用

體／用	坎	離	坤、艮
乾、兌	泄 小害	災 小害	生 大吉
震、巽	生 吉	泄 小害	剋 小吉
坎	助 大吉	剋 吉	災 小凶
離	災 凶	助 小吉	泄 小害
坤、艮	剋 小凶	生 小吉	助 小吉

10、11月 適用

體／用	乾、兌	震、巽	坎	離	坤、艮
乾、兌	助 小吉	剋 小凶	泄 小害	災 小凶	生 小吉
♯震、巽	災 小凶	助 吉	生 大吉	泄 小害	剋 吉
*坎	生 大吉	泄 小害	助 大吉	剋 大吉	災 小害
離	剋 小吉	生 吉	災 大凶	助 小吉	泄 小害
坤、艮	泄 小害	災 凶	剋 小凶	生 小吉	助 小吉

體／用	乾、兌
♯乾、兌	助 吉
震、巽	災 凶
坎	生 吉
離	剋 小凶
*坤、艮	泄 小害

12、9、6、3					
震、巽	剋 吉	助 小吉	泄 小害	生 大吉	災 小害
坎	泄 小害	生 小吉	助 小吉	災 小凶	剋 大吉
離	災 小害	泄 小害	剋 小吉	助 小吉	生 大吉
坤、艮	生 大吉	剋 小凶	災 大凶	泄 小害	助 大吉

附二：梅花易象數表

註：本表爲易經說卦傳第十一章之引申，來瞿塘夫子之「象」亦有若干出自此。

乾——數1,4,9。屬金，象天，姓氏：金玉旁。

性質	健 言 堅硬 圓形 赤色
天時	天 霰 冰 雹 九、十月 秋
地理	西北方 京都 大郡 高亢處 險要處 名勝 郊 大川
人物	君 王 父 老者 名人 武人 官吏 驛官 使者 刑官
心理	剛毅 果決 多動少靜 勇武 進取 不滿足 憂
生理	首 骨 面 肺 疾病：器官之疾病 肺經之疾 咳嗽氣喘多氮
動物	龍 天鵝 獅 象 馬
靜物	金 玉 珠寶 冠 鏡 乾屎橛 衣 帶
房地	大廈 公廁 樓台 驛站 旅館 飯店

飲食　馬肉　乾肉　骨　肝肺　頭　木果　瓜　辛辣味

坤——數5,8,10。屬土，象地，姓氏：土旁。

性質　順　土　衆多　柔軟　均　方形　黑、黃色　文章
天時　陰雲　霧氣　冰霜　辰未戌丑月
地理　西南方　國土　邑　地　平地　田野　鄉里　田舍　村
人物　農夫　鄉人　衆人　母　婦人　孕婦　教官　戍守人
心理　柔順　吝嗇　懦弱　小人　平安　幸福　滿足　迷亂
生理　腹　脾　胃　肉　疾病：消化系統　腹疾
動物　牛　牡馬　子母牛　溫馴之獸
靜物　布帛　絲棉　五穀　囊　瓦器　釜　大車　柄　賤物　重物
房地　村居　田舍　倉庫　矮屋　黑地　土階
飲食　牛肉　腹臟　土中物　甘味　野味　五穀　芋芛類

震——數4,8。屬木，象雷，姓氏：草木旁。

性質	動　繁榮　熱鬧　形：長條　仰形　色：青　綠　碧　玄黃
天候	雷　雲霧　地震　海嘯　山崩　初春時
地理	東方　鬧市　大路　竹草地
人物	長男　將帥　商旅　主管　工匠（工作謀生者）
心理	怒　鼓噪　虛驚　幹勁足　果決　不寧　衝動　行爲：田獵　禮樂　施捨
生理	足　肝　髮　發聲　疾病：生理疾病　神經性疾病　疼痛
動物	龍　蛇　善鳴善馳之馬　昆蟲　隼　鵠
靜物	木　竹　葦　斗　樂器　鼓　花草　根果類　核　玉
房地	山林處　樓閣　辦公室　百貨公司
飲食	肉　山產　果酸味　菜蔬　鯉魚　魚

巽——數5,3,8，屬木，象風，姓氏：風或草木旁。

性質　入命　柔和　不定　鼓舞　長　高　臭　利市　青綠碧色　潔白
天時　風　晚春時
地理　東南　草木繁茂處　風景區　花果菜園
人物　長女　秀士　寡婦　山人　仙人　道人　寡髮　廣額　和尚
心理　溫和　猶豫　易變　貞順　多白眼　溫柔　細心
生理　肱　股　氣　疾病：風疾　腸疾　中風　肝經之疾
動物　雞　禽　能飛者　山中之蟲蛇　長條形魚
靜物　木香　繩　直物　竹器　工巧之器　長物　雞毛　帆　扇　臼　草
房地　寺觀　觀光飯店　遊樂場所　市場
飲食　雞肉　野味　菜果　酸味　茶果　草菂

坎——數1,6，屬水，象水，姓氏：水旁。

性質　陷　勞　通　隱伏　險惡　曳　外柔內剛　飲食　毒　黑色

天時	雨　雪　霜　雲　露　月　冬天
地理	北方　有水之處　溝渠　地穴　凹陷處　卑濕處　江湖　泉井
人物	中男　江湖人　舟人　盜賊　流浪漢　匪
心理	陰險　隨波逐流　多愁　痛苦　委屈　憂愁　疑心病
生理	耳　血　腎　臀　疾病：腎經之疾　惡寒盜汗
動物	魚　水族　鹿　美脊之馬　狐　豕
靜物	帶核者　車輪　弓矢　器水器具　蒺藜　堅木　矮柔物　桎梏　膏澤　叢棘
房地	水閣　茶酒肆　咖啡廳　近水樓台
飲食	豬肉　冷味海味　酸　宿食　帶血物　內臟　多骨　水中物　鹽　酒

離——數3,2,7，屬火，象火，姓氏：火旁。

性質	麗　抽象　華麗　內柔外剛　乾燥　赤　紫　紅色
天時	日　電　虹　霓　霞　夏天
地理	南方　乾亢地　面陽之處　窖爐之處

人物	中女　文人　目疾者　甲冑之士　戈兵　大腹人　藝術家　美人
心理	虛心　直爽　喜好文學藝術　聰明　憤怒　衝動　明朗
生理	目　心　上焦　視　疾病：目疾　心經之疾　暑疾
動物	雉　龜　蟹　蚌　有殼者　鱉　蠃　飛鳥　牝牛
靜物	書文　甲冑　干戈　槁衣　枯木　灶窖　鼓　瓦　牖
房地	廚房　陽明之宅　虛室
飲食	雉肉　煎炒　燒炙　乾脯　熟肉　苦味

艮——數5,7,10，屬土，象山，姓氏：山土石旁。

性質	止　靜　敦厚　覆形　黃色
天時	山嵐　雲　霧　冬春之月
地理	東北方　近山城　丘陵　山徑路　墓地
人物	少男　閑人　山中人　看門人　童子
心理	安靜　猶豫　封閉　穩定　反背　遲鈍

生理　手指　鼻　背　骨　疾病：脾胃之疾　手疾

動物　虎　狗　狐　鼠　百獸（山中）

靜物　土石　堅而多節之木　土中之物　門闕　小石　木生

房地　寺廟　山居　路邊之宅　石造之屋　墳墓

飲食　野味　獸肉　藤生之瓜果　果蓏　甘味

兌——數4,2,9。屬金，象澤，姓氏：口金水旁。

性質　說　歌唱　不完整之形　變化　殘缺　毀折　白色

天時　星辰　新月　雨　秋天八月

地理　西方　湖泊　水際　乾澤地　火山口　盆地　山崩破裂地　缺池

人物　少女　妾　歌妓　伶人　譯人　刑官　武職　巫師　喜說話者　奴僕

心理　喜悅　口舌　讒毀　謗說　快樂　輕鬆

生理　口　舌　肺　痰　涎　喉　疾病：口舌之疾　外傷　跌打損傷

動物　羊　澤中物

靜物　刀斧　金屬類　樂器　廢物　缺器　帶口之物　毀折之物

房地　廢井　近澤之居　破屋斷垣　剛鹵地

飲食　羊肉　澤中物　辛辣之味　落果

附三：《易經明道錄》卦辭索引

以上卦及下卦查頁次

下卦								頁次
坤8	艮7	坎6	巽5	震4	離3	兌2	乾1	上卦
92	167	70	205	138	95	84	52	乾1
209	160	216	149	109	223	255	202	兌2
173	248	275	226	123	156	184	99	離3
105	268	191	163	230	244	240	170	震4
120	236	258	251	198	181	264	80	巽5
77	188	152	219	60	272	261	67	坎6
131	233	64	113	146	127	194	142	艮7
56	102	73	212	135	177	116	88	坤8

人生顧問

社　址：台北市和平西路三段240號4F
電　話：(02)3066842・3025638
郵　撥：0103854—0 時報出版公司
信　箱：臺北郵箱79—99號

①慈濟心蓮	證嚴法師著 吳鈴嬌整理
④自己就是一座寶藏	陳安之著
⑤圓滿人生不是夢 ——兩性生涯備忘錄	張小鳳／ 林幸台主編
⑥生命中不能逃避的情事	陳艾妮編
⑦考一張父母執照	黃越綏著
⑧心靈溫度計 ——心理測驗99問	郭乃文／ 張小鳳合著
⑨性・親密・背叛	洪小喬著
⑩愛情協力車	管家琪著
⑪愛情與工作的每日禪	夏綠蒂・淨香・貝克著 陳麗西譯
⑫台灣婚姻檔案	黃越綏著

⑬**如何重建人生** 凱瑟琳・克拉瑪著
——驚變與挫折之後 陳澄和譯

⑭**新男人** 山姆・基恩著
——21世紀男人的定位與角色 張定綺譯

⑮**爲愛而生** 李奧・巴斯卡力著
朱恩伶譯

命理與人生㊾

易經明道錄

作　著——朱邦復
董事長
發行人——孫思照
社　長——莊展信
出版者——時報文化出版企業股份有限公司
台北市108和平西路三段二四〇號四F
發行專線—(〇二)二三〇六六八四二
讀者免費服務專線—〇八〇—二三一七〇五
(如果您對本書品質與服務有任何不滿意的地方，請打這支電話。)
郵撥—〇一〇三八五四～〇時報出版公司
信箱—台北郵政七九～九九信箱
電子郵件信箱—ctpc@ms1.hinet.net
網址—http://www.chinatimes.com.tw/ctpub/main.htm
主編—心岱
編輯—郁冰
美術編輯—譚兆良
校對—朱邦復
排版—正豐電腦排版有限公司
製版—成宏照相製版有限公司
印刷—協昇印刷有限公司
初版一刷—一九九四年八月一日
初版六刷—一九九八年五月十日
定價—新台幣一七〇元
◎行政院新聞局局版北市業字第八〇號

ISBN 957-13-1246-0
Printed in Taiwan

國立中央圖書館出版品預行編目資料

易經明道錄 / 朱邦復著. --初版, --臺北市
：時報文化, 1994[民83]
面；　公分. -- (命理與人生；94)
ISBN 957-13-1246-0(平裝)

1.占卜

292.1　　　　　　　　　　83006567

請沿虛線摺下裝訂，謝謝！

命理與人生

滿足您對多彩人生的好奇

寄回本卡，掌握命理與人生的最新出版訊息

（下列資料請以數字填在每題前之空格處）

______**您從哪裏得知本書／**

1書店 2報紙廣告 3報紙專欄 4雜誌廣告
5 親友介紹 6DM廣告傳單 7其它／______

______**您希望我們爲您出版哪一類的命理作品／**

1紫微斗數 2八字 3風水 4手相面相
5西洋占星 6易經八卦 7其它／______

您對本書的意見／

______內容／1滿意 2尚可 3應改進
______編輯／1滿意 2尚可 3應改進
______封面設計／1滿意 2尚可 3應改進
______校對／1滿意 2尚可 3應改進
______定價／1偏低 2適中 3偏高

您希望我們爲您出版哪一位作者的作品／

1______ 2______ 3______

您的建議／

請沿虛線撕下後對折裝訂寄回，謝謝！

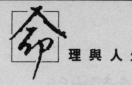

廣　告　回　郵
北區郵政管理局登記證北台字1500號
免　貼　郵　票

時報出版
CHINA TIMES PUBLISHING COMPANY
尊重智慧與創意的文化事業

地址：台北市108和平西路三段240號4F
電話：(080)231705(讀者免費服務專線)
(02)23066842．23024075(讀者服務中心)
郵撥：0103854—0時報出版公司

請寄回這張服務卡(免貼郵票)，您可以——
●隨時收到最新的出版訊息。
●參加專為您設計的各項回饋優惠活動。

編號：C B94	書名：易經明道錄
姓名：	性別：①男 ②女
出生日期：　年　月　日	身分證字號：

學歷：①小學 ②國中 ③高中 ④大專 ⑤研究所(含以上)

職業：①學生 ②公務(含軍警) ③家管 ④服務 ⑤金融 ⑥製造 ⑦資訊 ⑧大眾傳播 ⑨自由業 ⑩農漁牧 ⑪退休

地址：　縣/市　鄉鎮/區　村　里　鄰　路(街)　段　巷　弄　號　樓

郵遞區號：